KB220770

오대원 목사 한국선교 60주년을 맞이하여

한.민.족.을.사.랑.하.는.마.음

The loving heart for the Korean people

하태식

Ha, Tae-Sik D.Miss.,, D.ICS.

그가 남긴 한국 선교
60주년 유산

러빙터치

The loving heart for the Korean people

_To mark the 60th anniversary of
Pastor David E Ross's mission to Korea,

Copyright © 2021 *by* Ha, Tae-Sik
Jesus, Loving Touch Press

Jesus Loving Touch Press Printed in Korea
Korean Version Published July 13. 2021.

Author-Korean *by* Ha, Tae-Sik D.Miss., D.ICS.
Publisher-Korean Version Soo. Y. Pae D.G.Miss., D.D.Theol.
Editorial and publication-Jesus Loving Touch Press

Publication Registration
25100-2016-000073(2014.2.25.)
17 (Jugong Apart 1709-203), Deongneung-ro 66-gil,
Dobong-gu, Seoul, Korea
010-3088-0191/ E-mail: pjesson02@naver.com

Requests for information should be addressed to:
Author Contact : Tae Sik Ha D.Miss., D.ICS.
Cell. Phone : Tel. : (+61) 02 9652-0680
                Mob. : (+61) 0416 174 318
Managing Director
YWAM 318 Ministry Inc.(YWAM318)
Seoul : 010-3921-3180
www.ywam318.org/ Sydneycollege318@gmail.com
ywam318@hanmail.net

_ 오대원 목사 한국선교 60주년 선교 유산 _

한.민.족.을.사.랑.하.는.마.음

오대원 선교사

선교 60주년
축하의 글을
모아 드립니다

"한국교회는 목사님의 섬김을 잊지 않을 것입니다"

여의도순복음교회 담임목사 이영훈

1970년대 자주 뵀던 오대원 목사님은 예수님의 모습을 많이 닮은 온유와 겸손의 종으로 늘 마음에 남아있습니다. 매주 화요일 명동 YMCA 대강당의 찬양 예배에서 목사님의 말씀을 대할 때마다 찬양으로 은혜의 체험을 하면서 그때 예수전도단 화요 찬양 모임은 한국의 청년들을 깨우는 영적 대부흥 운동이었으며, 이 모임에서 수많은 헌신자, 목회자, 신학자, 선교사가 배출되었습니다.

늘 마음 한편에 은혜의 빚을 담고 사역하던 저에게 오대원 목사님의 60년 사역이 담긴 귀한 책이 출간된다는 소식이 전해져 너무 기뻤습니다. 1961년 언어도, 문화도, 풍습도 생소한 한국에 하나님의 사랑, 예수 그리스도의 생명의 복음을 가지고 와서 헌신하고, 60년이 지난 지금까지 한국의 영적 부흥과 청년 사역을 위해 남북화합과 통일을 위해 애쓰는 오대원 목사님께 진심으로 감사드립니다.

1970년 독재정권 시절 데모 현장에서 다친 학생들을 돌보다가 카메라에 잡혀 한국 정부로부터 강제 추방을 당했습니다. 그 사건으로 마음의 상처와 원망을 승화시켜 하나님의 큰 섭리를 깨닫고 한국을 더 사랑하게 되었다고 간증했습니다. 그후 안디옥 국제선교 훈련원을 세워 남북한의 복음화와 화합을 위해 사역을 확장하여 섬기는 오 목사님의 헌신은 한국의 많은 목회자와 성도에게 귀감이 되고 있습니다. 팔순이 넘어도 여전히 뜨거운 사랑으로 한국에 헌신하는 그 열정에 존경을 전하며, 한국교회는 목사님의 섬김을 잊지 않을 것입니다.

"여전히 그 영향력은 한국예수전도단의 영적 유산입니다"

한국 예수전도단 대표 김명선

1996년 스위스 로잔에서 LTS(지도자 훈련학교) 과정 중 오 목사님을 만날 기회가 있었습니다. 그 당시 강의 주제는 정확히 기억나지 않지만 오 목사님를 통해 지도자이며, 섬김의 삶이 무엇인지 배울 수 있었습니다. 먼 곳에서부터 도달한 여정에는 강의와 함께 아시아 지역 선교현장 방문도 포함된 것은 나중 알고 보니 옛 제자의 사역에 필요한 물품을 전달하기 위한 목적(물을 끓이는 큰 물통)으로 기억합니다. '이 어른이 그 먼 거리를 제자에게 전하려고 선물을 챙기는 중이라니…' 사랑의 표현과 환대. 그리고 약자들의 편에 서서 평생 살아온 목사님의 삶을 배우는 시간이었습니다.

많은 사람의 마음속에 오 목사님과 엘렌 사모님을 통해 경험했던 환대의 영성이 고스란히 남아 두 분을 더욱 그리워하는 것 같습니다. 여전히 그 영향력은 한국예수전도단에 이어지는 영적 유산입니다. 선교와 전도의 열정, 공동생활(공동체의 중요성), 예배, 말씀 등의 열정, 특히 묵상과 성령의 중요성, 북한선교의 길을 열고 그 사역을 계속하는 놀라운 섬김 등, 복음의 본질에 충실할 수 있는 기반을 잘 닦아 주었습니다.

특히 주님께서 하시고자 하는 것을 좇아 예수전도단을 시작한 단체를 같은 DNA를 가진 YWAM으로 조인시킴으로 전 세계적인 가족과 함께 지상명령에 순종하도록 문을 여셨습니다. 갈렙과 같은 정신을 가지고 믿음의 유산을 바라보았기에 가능했다고 생각됩니다. 이번 오 목사님의 60주년 기념 출판이 아름다운 영적 유산을 더 잘 계승하기 위한 선물이 될 것입니다. 귀한 영적 유산을 남겨 주어서 참 고맙습니다.

"인생 전체를 한국에 드렸던 사람, 오대원 목사"

KWMA 사무총장 강대흥

1961년에 한국 땅을 처음 밟은 오대원 목사님는 올해2021년까지 60년의 사역 전체를 한국과 한국의 젊은이를 위해 자신의 삶을 드렸던 하나님의 사람입니다.
오대원 목사님(David E. Ross)의 한국 사랑은 그의 언어에서 부터 드러납니다. 한국인을 사랑하여 사모님(엘렌)과도 한국어로 대화하시고 전쟁이 후 한국에 오셔서 지금 까지 한국의 젊은이들을 훈련시킨 지도자입니다.
오대원 목사님의 한국 사랑은 그가 설립한 '예수전도단'과 YWMA와의 통합 과정에서도 드러납니다. 1973년 처음 통합 제안을 받았을 때, 그는 한국인 리더양육이 시급하다고 이유로 거절합니다. 그러나 1979년에는 한국의 젊은이들을

YWMA의 네트워크를 통하여 세계로 파송된다는 비전으로 통합을 결정하고 자신의 남장로교회 선교사 신분을 내려놓게 됩니다. 평생을 한국의 젊은이를 위해 사역하시다가 은퇴 이후에도 씨애틀 '안디옥선교훈련원'을 개원하여 한반도의 결렬된 틈이 메워지도록 기도하면서 북한 사역자를 위해 준비하고 있습니다.

오대원 목사님은 한국인보다 한국을 더 사랑했던 사람입니다. 그의 한국어에는 이 백성을 향한 애정이 담겨있고, 그의 인생길과 결정에는 한국인이 있었으며, 추방 이후 노년의 시간에도 한국 땅에 대한 비전을 바라보고 있습니다. 오대원 목사님의 한국 사역 60년을 맞아 그분이 얼마나 뜨겁게 이 땅을 사랑했는지를 다시 기억합니다.

"말씀과 성령, 찬양으로 도전을 준 예배 인도자였습니다"

예수전도단 대표(전)/ 높은뜻푸른교회 담임목사 문희곤

첫째, 오대원 선교사님을 만나 개인적으로 좋았던 부분
저는 1977년부터 명동 화요모임에 참석하여서 오 목사님을 만났습니다. 오 목사님은 한국교회에 복음성가를 처음으로 들여온 사역자입니다. 미국의 많은 찬양을 번역하여 화요모임에서 불렀고, 밴드와 함께 예배하는 획기적인 시도를 한 목회자입니다. 저에게는 찬양하며 하나님을 깊이 예배하는 놀라운 체험을 시작하도록 문을 열어준 지도자입니다. 그리고 한국교회에 합숙하며 제자훈련을 처음으로 시도한 성경인도자 입니다. 개인적으로는 대한민국이 내 조국이지만, 조국을 사랑하는 것이 무엇인지 미국인 선교사 오 목사님께 배우게 되었습니다.

둘째, 한국교회와 선교에 끼친 영향력에 대해서
오대원 선교사님은 한국교회에 선교 토착화의 모범에 대해 젊은 그리스도인에게 친히 보여준 사역자입니다. 그 나라의 언어와 문화로 선교하는 모범을 보여준 선교사입니다. 그래서 예수전도단의 모든 선교사는 선교지 언어를 배우는 것을 우선으로 하는 모델이 되었습니다. 노랑머리 선교사 부부가 한국어로 재미있게 젊은이들과 예배하며, 가르치는 모습은 한국선교사에 큰 귀감이 되었습니다. 한국교회와 선교에 '말씀과 성령'으로 사역하는 도전을 준 예배인도자입니다. 본인이 철저하게 말씀을 사랑하고 실천하며, 성령을 의지하며 사는 것이 무엇인지 가르쳐 주었습니다. 선교단체 이후 목회하는 데도 큰 도움이 되었습니다.

"오 선교사님의 사역에 대한 책이 나오게 되어 기쁩니다"

예수전도단 선교부 김현철

오대원 목사님은 예수전도단의 산 역사이자 한국교회에도 큰 영향을 끼친 귀한 분입니다. 오랫동안 기다렸던 오 목사님의 초창기 사역에 대한 책이 나오게 되어 정말 기쁩니다. 이책은 예수전도단 후배들과 한국교회에게 소중한 유산이 될 것입니다.

20년 넘게 인도에서 선교사역을 경험하고 현재 선교 본부에서 600여명의 선교사들을 섬기고 있는 저로서는 60여년 전 척박한 한국에서 선교사로 살아가신 오 목사님 내외가 얼마나 어렵고 힘든 일을 감당하셨는지 그 모습이 그려집니다. 특히 오 목사님께서 한국말로 설교하시는 것을 들을 때마다 제눈가에 눈물이 맺히는 이유는 아마 모국에서의 익숙한 것을 포기하고 먼 나라에서 선교사로 사셨던 오대원 목사님의 헌신과 사랑이 말씀에 모두 배어있기 때문일 것입니다.

오 목사님께서 하나님께 받으신 소명이 이 책을 읽는 모든 사람에게도 온전히 전달되어 지역과 세계와 열방으로 계속 확장되길 기도합니다.

"열방을 축복할 뉴코리아의 꿈을 가진 청년이었습니다"

예수전도단 수원지부장 김병락

오대원 목사님의 한국 선교 60년을 축하드립니다. 한국 청년에게 하신 주님의 말씀이 그의 평생의 삶을 통해 지금까지 이뤄져 오고 있습니다. 오 목사님은 지난 60년간을 한국 선교를 위해 쉼 없이 달려왔습니다. 저는 최근 10여 년간 오 목사님과 함께 '통일비전캠프' 사역을 섬겨오고 있습니다. 가까이에서 보고 경험한 오 목사님은 고령임에도 불구하고 청년이었습니다.
여전히 가슴에 열정이 가득한 청년이셨습니다. 남과 북이 하나 되어 하나님을 섬기며 열방을 축복하게 될 뉴코리아에(New Korea) 대한 꿈을 계속해서 많은 사람에게 심어주시고 본인도 그날을 보기 원하는 청년이었습니다.

오 목사님의 한국선교 60년을 다시 한번 축하드립니다. 그리고 그분의 61년 째 한국선교의 발걸음을 축복합니다. 하나님께서 어느 때까지 허락하시고 인도하실 는지는 알 수 없으나 오 목사님의 한국선교는 그의 여생에 계속되어 갈 것이며, 그 섬김은 한국 선교 역사의 중요한 페이지를 장식하게 될것입니다.

"그의 선교는 지금도 세계 곳곳에서 강물처럼 흐르고 있습니다"

김종환 목사(서울신학대학교 상담대학원 명예교수)

지금부터 53년 전. 1968년 매우 추웠던 겨울철 어느 날로 기억된다. 그때 나는 서울신학대학을 휴학하고, 육군에 입대하여 첫 휴가를 받았던 것 같다. 입대 전 에 자주 갔던 종로 2가 르네상스 음악실에 가려고 종로서적 앞 버스 정류장에 서 내렸는데, 한 여학생이 다가와 찬양 모임에 초대한다고 하였다. 종로서적 옆 빌딩 5층으로 안내를 따라 올라가 보니 오대원 선교사님께서 인도하시는 찬양 모임이었다. 아마 한국에서 처음으로 복음송(Gospel Song)으로 찬양하기 시작 한 곳이라고 생각한다.

그리고 제대 후 신학교를 졸업하고 대전중앙교회 전도사가 되었다. 중고등부를 지도하면서, 매주 금요일 저녁에 교사들과 함께 상경하여 이 찬양모임에 참석하 여 은혜받고 찬양을 배워서, 토요일 학생예배 시간에 복음송을 보급하였다. 10 대들에게 복음송의 파급력은 대단했다. 학생들이 몰려들기 시작했던 기억이 생 생하다.

마침 대전에는 남녀 미션 스쿨이 몇 학교가 있어서 교목들도 초대하여 함께 복 음송을 보급했다. 내가 대전에서 5년 동안 청소년 사역을 했는데, 이때 헌신하 여 목사가 된 학생들이 10명이 넘는다. 서울신학대학 교수도 3명이나 되며, 침 신대 총장을 한 제자도 이때 배출되었다. 세월이 흘러 1983년 나는 서울신학대 학교 교수가 된 후에도 YWAM 지도교수를 자원하여 계속하였다. 오대원 선교 사님의 선교는 지금도 세계 곳곳에서 강물처럼 흐르고 있으며, 선교 60주년을 마음 깊이 축하드리며, 우리 주님께 찬양을 올립니다.

"한국인 같은 미국인, 평범한 이웃이며 영적기품을 지닌 선교사"

부산수영로교회 이규현 목사

호주에서 목회할 때, 오대원 목사님과 교제할 기회가 여러 번 주어졌습니다. 목사님의 성품에서 우러나오는 진솔함은 언제 만나도 친근미를 느끼게 하는 힘이 있습니다. 대상과 상관없이 상대를 편안하게 해주는 특별한 매력을 지니신 분으로 만날 때마다 교제의 기쁨이 컸습니다. 끌어당기는 힘은 아마도 우연한 일이 아닐 것입니다. 그것은 오랫동안 하나님과의 깊은 교제를 해오신 삶에서 우러나오는 영혼의 힘입니다. 한국인 같은 미국인, 평범한 이웃 같으나 범접할 수 없는 영적기품을 가진 선교사로서 살아오신 목사님의 해맑은 웃음을 떠올리면 지금도 마음이 편안해집니다. 하나님을 사랑하고 한국을 사랑했던 목사님은 젊은이들에 대한 애정이 남다르셨습니다. 오대원 목사님은 예수전도단만이 아니라 교단을 초월하여 한국교회에 큰 족적을 남기셨습니다. 한국 땅에서 한 생애를 오롯이 바치신 목사님의 회고록은 신 사도행전과도 같이 한국교회에 감동적인 스토리로 모두의 가슴에 크게 울림을 줄 것이라는 기대감에 설렙니다.

"한국을 더 사랑하고 6,25로 어려운 나라에 파송된 선교사"

진기현 목사 시드니 주안교회 담임

오대원 선교사님 한국 선교 60주년을 진심으로 축하를 드립니다. 호주 시드니에 주안교회에 오셔서 섬겨 주신 덕분에 교제할 수 있어서 감사했습니다. 오대원 선교사는 한국을 누구보다 더 사랑하고 6,25로 인해 어려운 나라에 선교사로 파송되어 오랜 동안 믿음으로 한국교회가 성장하도록 친히 모범을 보여주신 귀한 선교사입니다.

오늘날 한국 교회가 부흥하여 선교 대국이 되고 경제와 정치 모든 분야에서 세계적으로 영향력을 행사 할 수 있도록 성장에 밑거름이 되어 주신 분이 오대원 선교사이라 생각 합니다. 60년 동안 묵묵히 기다려주시고 한국 교회와 한인 선교사들에게 격려와 멘토를 아낌없이 보내 주신 선교사님께 감사를 드립니다. 오대원 선교사님은 순수함과 진실함 하나님을 사랑하는 마음으로 한국을 사랑해 주셔서 감사합니다.

책 앞에 부치는 글

오대원 선교사에 의해 시작한 단체가 한국 [YWAM, 예수전도단]이다. 지난 세월 60해를 생각하니 오대원 선교사가 한국에 선교사로 파송받아 1961년도 도착하여 2021년이면 60주년이 된다. 오대원 선교사로부터 받았던 영향력이 많은데, 여러 가지 주제들로 정리하여 다음 세대에 지속적으로 유산으로 남겨야 하겠다는 심정으로 이 글을 남기게 되었다.

저자는 한국선교의 2세대를 살아가고 있다. 미국 오대원 선교사를 통해 훈련받아 선교에 대해서 눈을 뜨게 되었으며, 현재는 호주 선교 현장에서 선교를 위해 동원(mobilize)하고 훈련(training)하고 파송(sanding)하는 선교를 하는 YWAM Sydney318(시드니 예수전도단) 선교사로 사명을 다하고 있다.

공교롭게도 저자(나)는 올해로 60해의 세월을 살아오는 환갑을 맞이했다. 그동안 어떤 은혜가 있었던가? 생각해 보니 유교. 불교와 샤머니즘으로 가득하고 오히려 기독교와 전혀 관계없는 가정에서 태어났다. 초등학교 3학년 때 교회를 출석하여 예수를 믿고 구원받은 것이 처음 은혜이며 또한 6학년 때 부흥회에 참석하여 성령으로 세례를 받은 사건을 들 수 있다.

예수님을 만났던 사건으로 인하여 인생의 새로운 전환점이 되어 성령의 인도함을 받아 지금까지 살아오게 된 것 같다. 또 군대를 제대 후 한국 예수전도단 전도팀을 종로 3가 길거리에서 만나는 것을 시작으로 예수제자훈련(DTS)을 받은 사건이 나의 인생에 있어서 가장 큰 전환점이 되었다.

인생의 전환점에 영향을 주신 분을 생각해 보니 예수제자훈련학교(DTS) 교장이었던 홍성건 목사와 간사들이지만, 그 이전으로 거슬러 올라가서 모체가 된 한국 예수전도단과 설립자인 오대원 목사(David E Ross)를 조명해야 한다. 60년 전 저희에게 훈련을 주도하며 훈련장소였던 공동체 하우스까지 배려해 준 당시 미국에서 파송된 한국 예수전도단 책임자, 오대원 선교사를 결코 잊을 수 없다.

이 글은 70-80년대 '한국 예수전도단'에서 훈련받은 분들 중에 현재 사역자로 사역하고 계신 분들을 중심으로 리서치하여 기록한 것을 밝히며, 리서치에 참여해주신 여러분에게 감사를 전하여 이들의 글은 여러 지면을 통하여 기록했다. 또한 오대원 선교사님의 지금까지 신문과 방송에서 인터뷰를 통해 세상에 알려진 일들을 모아서 정리하여 역사의 자료로 삼고 싶은 마음도 있고 해서 60주년 한국선교에 그가 남긴 유산을 정리하는 것이다.

우리가 서구 선교사를 통하여 선교를 받았던 시대에서, 이제는 선교에 참여하는 시대에 살아가고 있다. 우리는 옛 모습을 통하여 자아상을 그려보고 싶고, 또한 앞으로 우리는 어떻게 하면 주님 오실 때까지 선교를 더 이루어 나갈 수 있을까 하는 생각이다. 한국인 선교사가 선교하는 현장에서 그 후대가 우리를 평가하는 역사적인 날이 올 것이라고 짐작해 본다.

과거의 역사 없이 현재의 존재가 있을 수 없다. 역사를 보면서 우리의 미래를 예측할 수 있으며, 우리는 창조하지 못하지만 역사를 통하여 한국선교의 방향과 길을 찾을 수 있다. 잘못된 것은 버리고 잘된 것을 더욱 빛나게 지속시킨다면 하나님의 나라를 확장해 가는 선교가 더욱 건강하게 이뤄지지 않을까 생각한다(마 24:14).

다음의 내용은 먼저 오대원 선교사님의 탄생과 자라남의 과정을 보고 어떻게 선교에 헌신하게 되었으며 특별히 왜 한국을 결정하게 되었는가 또한 한국에 대한 인상은 어떠했으며 무슨 소망과 비전을 갖고 한국선교에 임했는가를 살펴보고 싶다.

오대원 선교사는 1961년도에 한국에 도착해서 1986년 한국 정부가 선교사를 추방할 당시까지 한국에서 선교사로 25년 동안 사역했다. 그렇다고 그의 사역이 중단되거나 축소된 것이 아니다. 한국에서 해외 현장으로 옮겨서 계속 진행하고 있다. 미국 시애틀에 주재하면서 미국을 중심으로 해외 한인 디아스포라 사역을 진행하고 있으며, 남북한의 통일 한국을 위해 중점사역으로 추진하고 있으며, 말씀을 전파하는 사역과 가르치는 사역을 확장하여 감당하고 있다.

'선교'(Mission)라는 단어를 생각하면 오버랩 되는 것은, 오 선교사님의 한민족 한나라를 사랑하는 마음은 신실한 하나님의 아버지의 성품과 마음을 닮아가려고 땀 흘리는 순간들이 떠올려진다. 변하지 않는 한마음으로 동일하게 한민족을 품고 일취월장(make steady progress) 선교를 진행하는 오대원 선교사의 모습이 존경스럽다고 말할 수 있다.

그의 시대에 남겨진 선교 유산을 기억하고 다음 시대에 한국인이 지속적으로 선교를 진행했으면 하는 마음에서 지면을 채우며 한자씩 써 내려가게 되었다. 부족한 부분은 다음 세대가 지속적으로 연구하고 개발해가면 더욱 알찬 자료가 남게 되리라 기대된다.

"예수 그리스도는 어제나 오늘이나 영원토록 동일하시니라"_히브리서13:8.

Contents

Table 목차

긴 항해 끝에 배가 인천항에 도착했는데 거센 파도 때문에 하선(下船)을
할 수 없었다. 새로운 땅을 밟기 위해 배에서 하루를 더 기다렸다.
오 선교사 일행의 마음 속엔 두려움보다는 설렘이 더 컸다
-본문 중에서 발췌.

i. 한국 선교 시작

1

그의 출생과
한국 선교의 헌신의 동기

His birth and Korean mission work
with motive

"내가 너를 모태에 짓기 전에 너를 알았고 네가 배에서 나오기 전에
너를 성별 하였고 너를 여러 나라의 선지자로 세웠노라 …"(예레미야
1:5).

오대원(David E Ross)은 1935년 9월 14일 미국 노스캐롤라이나(North
Carolina) 출생으로 1957년 테네시주 킹대학교를 졸업하고, 1960년 버지
니아주 유니언신학교 졸업 직후 1961년 미국 남장로교 선교사로 한국
에 파송 받았다. 1973년엔 예수전도단을 설립하고 1980년엔 예수전도
단을 국제 Youth With A Mission과 연합사역으로 이끌었으며, 1986
년에는 미국으로 돌아가 한인 디아스포라(AIIM) 사역을 이어갔다. 1994
년에는 사역 중심을 시애틀로 옮겨 '안디옥 국제선교훈련원'을 설립했
으며 북한 영혼을 위한 사역과 세계선교에 주력하고 있다.[1]

그를 생각하면 마치 선교를 위해 한국을 위해 태어난 사람 같다(When I think of him, It's like a person born for Korea for missionary work). 60평생을 한 민족과 한 나라를 가슴에 품고 변함없이 전진하는 모습을 통해 그의 사역의 깊이와 넓이와 높이와 길이가 어떠함을 알 수 있게 한다. 그는 예수 그리스도를 좇아 가면서 주님을 닮으려는 제자의 모습을 잘 보여주는 선교 모범생이라고 할 수 있다.

> "그 너비와 길이와 높이와 깊이가 어떠함을 깨달아 하나님의 모든 충만하신 것으로 너희에게 충만하게 하시기를 구하노라"(엡3:19).

오대원이 선교사로서 소명을 갖게 된 것은 오래전 일이다. 고등학교를 졸업하던 1953년 여름, 청소년수련회에 참석하여 거기서 인격적으로 예수님을 만났다. 그때 '다른 민족을 위해 살라'고 말씀하시는 하나님의 음성을 들었다. 그 순간 열방에 나가 예수님을 전하고 싶은 뜨거운 소망이 일어났다고 한다. 또 그리스도의 구원에 대해 자신만을 위한 것이 아니라 열방의 모든 사람을 위한 것임을 깨닫고 선교사의 사명을 위해 살기로 결심을 굳게 했다.[2]

하나님은 우리가 교회에 출석하여 은혜를 받지만 특별한 소명은 수련회나 특수 집회를 통해서 받는 것이 옛날이나 지금이나 세월이 흘러도 거의 비슷하다고 본다. 왜 그럴까 생각하니 아마 집중적으로 하나님을 찾고 갈망하며 사모하는 마음을 전적으로 갖는 시간이기 때문이 아닐까? 그런 영적 정서가 충만한 가운데 하나님께서 자신(우리)에게 말씀하시는 소리를 정확하게 듣고 새롭게 헌신하고 결단하는 시간이 쉽게 이뤄질 수 있다고 본다.

보통 스케줄에서는 우리는 일상생활을 너무 바쁘게 보낸다. 지금은 세계 어느 나라에 살고 있더라도 "나는 바쁘다!"(I'm very busy!) 패턴으로 살아가고 있다. 그리스도인은 예배를 드리는 일, 다른 약속과 일정에 쫓겨, 심지어 바빠서 하나님이 말씀하시는 소리를 듣지 못한 경우가 많다. 우리가 하나님의 인도함을 받기 위한 인생의 새로운 전환점을 만들기 위해서는 하나님을 만나야 가능하다. 이런 시간은 홀로 깊게 그리고 세심하게 주님을 만날 수 있는 시간이 마련되지 못하므로 수련회나 예수전도단에서 실시하는 '예수제자훈련학교'(DTS)처럼 특별하게 시간을 따로 떼어서 집중적으로 하나님께 초점을 맞추는 시간이 필요할 것 같다.

오대원(David E Ross) 선교사는 선교에 부르심을 확인하고 지속적인 하나님의 인도함을 받기 위해서 대학다닐 때는 미국 테네시주 킹대학에서 '선교 동호회'(Missionary Society)에 가입하여 하나님의 부르심과 인도함을 계속 받고 성장했다. 이 모임은 선교에 비전을 갖던 학생들이 모여서 선교지에 대하여 중보기도하는 모임이었으며 이때 오대원 선교사는 이 모임을 통해서 현재 사모님이신 엘렌 만났다.

엘렌의 부친은 목사이며 성서학자로 대학에서 교수로 가르치는 일을 하는 독실한 기독교의 영적 정서가 조성된 그런 가정에서 성장했다. 엘렌의 성격은 활발했고 따뜻했다고 했다. 그러다 한국인 선교사들을 만나는 기회가 주어졌다. 대학생성경읽기선교회(UBF, University Bible Fellowship) 배사라, 대전지역의 농촌 선교사로 헌신했던 R K 로빈슨 목사와의 만남이 긍정적인 영향을 주었다. 한국 교환학생들도 만나게 되면서 한국을 관심 어린 시선으로 바라보게 되었다. 한국과 관련된 여러 사람을 만나고 한국에 대한 이야기를 많이 나누면서 선교 사역지를 한국으로 결정하게 되었다.

오대원 신학생 부부는 신학대학원을 졸업한 후 '윌리엄 앤 메리 대학교'에서 일 년간 캠퍼스 사역을 하였다. 그후 바로 한국으로 떠나고 싶었지만 총회에서는 일 년간의 선교사 준비기간을 요구했기에 60~61년 교회와 대학 캠퍼스에서 사역을 했다. 윌리엄 앤 메리 대학은 배움과 열정이 있는 열려있는 학교였다. 그곳에서 성경을 가르치고 수양회를 열어 말씀을 전했다. 한편 미국교단의 장로교회에서 부목사로 섬기기도 하였지만, 주로 대학교 캠퍼스 선교에 힘썼다. 이 기간들은 한국선교를 꿈꾸고 준비하면서 대학생들을 가르치는 일에 집중하는 시절이었다.   †

2

그가 본 한국의 첫 인상

First impression of S. Korea

1961년 8월. 미국 샌프란시스코항을 출발한 화물선 '초타우'(Choctaw)는
20일이 넘는 긴 항해 중이었다. 낡고 오래된 화물선은 수리를 위해
태평양 한가운데 이틀 동안 정박해야 했다. 그 시간 동안 광대하게 펼
쳐진 태평양을 응시했다. 사방을 둘러봐도 육지는 시야에 들어오지 않
고, 바다의 끝은 보이지 않았다.

"지금 있는 이곳이 어디쯤일까?" 우리가 어디에 있는지 도무지 알 수
없었다. 그 순간 우린 아직 어느 곳에도 속하지 않은 시간과 공간에
있다는 것이 느껴졌다. 아내 엘렌과 난 미국 남장로교 선교사로 파송
받아 한국으로 가는 중이었다. 우린 하나의 문화를 떠나서 다른 문화
권으로 들어가기 전, 잠시 여백의 시간에 머물고 있었다.
여백은 하나님을 찾는 시간이다. 그 시간을 통해 선교에 대한 소명을
재확인했고, 인생과 선교에서 '여백'(Space)이 중요하다는 것을 깨달았

다. 지금도 사람들에게 "자신을 성찰하기 위해 여백의 시간을 가지세요"라고 강조하곤 한다. 태평양 한가운데서 가진 여백의 시간 속에서 선교의 핵심은 '하나님을 좀 더 진실 되게 만나기 위해 구하는 과정'이란 것을 알게 됐다. 내 안에 내(자아)가 너무 많으면 하나님이 계실 곳이 없다. 하나님께서 우리 안에서 일하시도록 우린 자신을 비워내야 한다.

1961년 8월에 샌프란시스코를 출발한 배는 9월에 인천항에 도착하게 되었다. 당시 한국에 대해서 아는 것은 하나도 없었다. 그러나 하나님께서는 다양한 방법으로 너무도 분명하게 우리가 가야 할 곳은 한국이라고 말씀하셨다. 처음 희망했던 선교지는 모슬렘 국가 이란이었지만 당시 문이 닫혀 있어 들어갈 수 없었다.[3]

> "성령이 아시아에서 말씀을 전하지 못하게 하시거늘 그들이 블루기아와 갈라디아 땅으로 다녀가, 무시야 앞에 이르러 비두니아로 가고자 애쓰되 예수의 영이 허락하지 아니하시는지라, 밤에 환상이 바울에게 보이니 마개 도냐 사람 하나가 서서 그에게 청하여 이르되 마게도냐로 건너와서 우리를 도우라 하거늘"(행 16: 6-7,9).

3주간의 긴 여행을 하는 동안 한국 선교에 대해서 다시 생각하며 비전을 확립하고 여백을 갖고 출발하는 시간이었다. 당시는 단기 선교 개념이 없었고 가면 그곳에서 뼈를 묻는 마음으로 선교에 도전했기 때문에 오대원 선교사 부부도 항해하는 내내 다시 결심하는 시간이었다. 함께 항해하는 배 안에서 당시 보성여고 교장 선생님 일행과 가톨릭 수녀, 일본인 한국 부부, 한국으로 선교사역을 위해 가는 3명의 다른 선교사님들과 함께 배 안에 있었고 주일이면 선원들과 함께 주일 예배를 드렸다고 한다.

당시 한국은 1960년 4.19 혁명이 일어났고 미국에서 뉴스는 대학생들이 시내에 나와서 시위하는 모습이었던 이 모습을 보면서 이런 대학생이면 얼마든지 하나님의 나라를 위해 헌신하며 일할 수 있는 DNA가 있다고 생각했다.

긴 항해 끝에 배가 인천항에 도착했는데 거센 파도 때문에 하선(下船)을 할 수 없었다. 새로운 땅을 밟기 위해 하루를 더 기다렸다. 우리의 마음 속엔 두려움보다는 설렘이 더 컸다. 한국 땅을 처음 밟았을 때 하나님께 감사드렸다.

> "하나님. 저희를 이 아름다운 한국 땅에 보내심을 감사 드립니다. 이 나라에서 한국인의 심장 소리를 듣게 하시고 문화를 배우게 하소서. 그리고 그들을 하나님께로 인도하게 하소서."

헌신과 결단하는 기도를 드리며 항해하는 시간을 가졌다. 긴 시간의 항해를 통해 다시 한번 선교에 확증하고 결단하고 자신을 정결케 하며 하나님께 맡기는 시간이 되었다고 한다. 즉 여백의 시간을 통해 하나님께 삶을 의지하며 드리는 시간이었던 같다.

오대원 선교사는 평소에도 유머가 좋은 분인다. '배를 타고 3주간 여행 후 배에서 내려 보니 배가 맛있더라'(한국 먹는 배)라고 했다. 유머를 통해 자신을 릴렉스하게 할 아니라 우리 모두에게 다시 한번 웃게 하여 긴장을 풀고 즐거움을 주는 많은 시간들이었다. 무슨 일을 새롭게 시작할 때 두려움과 염려와 근심이 가득하게 되는 것이 사람의 마음이다. 여호수아도 모세의 후계자로써 이스라엘의 지도자로 일하면서 그는 두려움을 가졌다. 그때 하나님께서는 "강하고 담대하라 강하고 담대하라"고 격려하며 여호수아 1장에 기록되어 있다. 오대원 선교사는 한 민족을 사랑하고 영혼에 대한 간절한 마음이 있었지만 한편 두려움이 있었다. 그러나 그는 하나님을 사랑하는 마음과 영혼을 사랑하는 마음과 유머를 갖추고 한국 선교 여정을 시작하게 되었다.　✝

3

미 남 장로교회 선교

Mission of the South Presbyterian Church
of America

미국 남장로교단 해외선교 교세 과시

1864년 미국 남부지역 장로교단이 남 장로교 총회를 창립했다. 1892
년 11월 2일 미국 남 장로교 한국 선교부가 정식 조직되었다. 이 한
국 선교부는 선교지에 파송된 교단 소속 선교사를 중심으로 조직되었
다. 현지 선교부는 소속 교단의 선교정책을 현지에 반영하는 선교행정
의 기본 단위였다.

미국 남장로교단은 해외선교를 통해 교세를 과시하였다. 그 당시 미국
은 함선과 항해술의 발달로 태평양 연안까지 영토를 확대하여 태평양
권을 주도하는 세력으로 부상하였고, 높은 경제성장으로 인해 선교사
업에 대한 충분한 경제적 지원도 가능했다. 미국 장로교는 정치적, 사
회적 영향력이 있는 자본가들을 수용해 선교가 종교적 차원 외에 미
국제품의 우수성을 알리는데 큰 역할을 할 수 있다며 자본가들에게

선교사업의 물질적 지원을 촉구하였다(송현숙 2011:24). 미국 남장로교는 해외선교부를 조직하고 해외선교에 나섰다. 젊은이들을 해외선교사로 파송하였다. 당시 미국에 학생 자원자 운동(Student Volunteer Movement)이 일어났다.

미국 대학, 신학교 엘리트들로 중심한 선교동기 부여

기독교 대학과 신학교들이 중심이 되어 엘리트 그리스도인들에게 선교 동기를 부여하였다. 이 SVM 운동을 통하여 1886년부터 1915년까지 5,000명 이상이 선교사가 되었다. 이들은 해외 교회개척에 이바지하였다(2011:25). 1891년 10월 언더우드 선교사는 테네시주 네쉬빌(Nashville)에 있는 유니온신학교 선교 집회에서 "한국선교보고를 하고 한국유학생 윤치호가 한국 소개를 하였다. 이 집회에서 언더우드는 한국인들은 종교에 관심이 많으며, 일단 개종하면 독실한 그리스도인이 된다는 점을 강조하였다"(2011:27). 이 집회를 통해 최의덕, 이눌서, 전위렴, 존 슨 등이 한국 선교사로 지원했다.

언더우드 선교사 2의 형인 존 언더우드는 남장로교 한국선교를 위해 5,000달러를 헌금하였다. 이들을 포함한 7명의 남장로교 선교사가 1892년 9월 7일 아틀란타장로교회에서 한국선교사로 파송을 받고 한국에 입국하여 호남선교의 개척자들이 되었다(2011:28). 이렇게, 언더우드의 활약으로 한국에 오게 된 남장로교 선교사들은 데이트(Lewis Boyd Tate, 최의덕), 레이놀즈(William D. Reynolds, 이눌서), 전 킨(W. M. C. Junkin, 전위렴), 매 티 데이트(Lewis B. Tate), 리니 데이비스(Miss. Linnie Davis), 메리 레이번(Mrs. Mary Leyburn Junkin), 팻시 볼링(Mrs. Patsy Bolling Reynolds)이었다(김소정 2014:14).

1892년 미 남장로교 선교사 첫 내한(來韓)시 입국금지

미국 남장로교 선교사가 1892년 첫 내한(來韓)했을 때는 포교 금지법이 완화되어 선교활동이 가능하였고 내한 선교사가 교두보를 확보하기 위한 지방 순회전도가 본격화된 시점이었다. 이전의 의료 및 교육을 통한 간접적 선교활동은 대면접촉의 기회를 부여하여 종교전파의 발판이 되었을 뿐 아니라 서양인에 대한 적대감과 두려움을 불식시키는 데도 큰역할을 하였다. 선교사와 기독교인들에 대한 편견과 오해를 줄이고 천주교와 달리 사회적 저항을 최소화 시켜 전파를 촉진하는데 유리한 조건으로 작용했다(송현숙 2011:30). 남장로교의 호남선교는 성공적이었다. "남장로교의 사역은 종합적이고 통전적인 선교를 기획하고 실행함으로써 호남지역에서 성공적인 사역을 감당하였음을 알 수 있다"(김소정 2014:17).

1882년 '한미수호통상조약'은 한국선교의 시대를 열었다. 외국 선교사들이 1884년부터 한국에 입국하였다. 알렌(H. N. Allen)은 의료 선교사로 1884년 9월에 입국하였다. 북장로교 선교사 언더우드(H. G. Underwood)와 감리교 선교사 아펜젤러(Appenzeller)가 입국하였다. 이들은 복음주의 신학적 성향을 가진 젊고 열정적인 선교사들이었다.

미국 남장로교회는 미국 동남부 농업지역을 기반으로 하고 있다. 미국에서 일어난 학생자원운동의 결과 남장로교는 1892년 한국으로 선교사를 파송하였다. 내한 선교사들은 1893년 효율적인 선교활동을 위하여 남장로교의 기반이 유사한 호남지방을 남장로교 선교구역으로 정하였다. 남장로교는 호남(湖南)을 답사하고 전주, 군산, 목포, 광주, 순천 등을 선교 거점으로 삼았다.

1893년 1월에 남장로교, 북장로교 선교사들은 '장로교선교부공의회'을 결성하였다. 이때 「네비우스 방법론」을 기초로 하여 선교원칙을 정하게 되었다. 그 원칙에는 10가지 항목이 있었다. 그 가운데, 의료선교는 외래 중심보다는 입원 중심으로 전개 시킨다. 지방에서 온 장기 입원환자는 퇴원 후 심방해서 그 지방 전도사와 연결 시킨다는 내용이 있었다.4) 남장로교 파송 한국선교사들은 1892년부터 1987년까지 450명의 선교사들이 내한하여 열심히 선교사업을 펼쳤다. 그들은 복음의 열정을 젊음과 함께 한국 땅에 심었고 그들의 헌신 된 선교사역은 호남지역은 물론 한국 교회사에서 크게 빛나고 있다(김소정 2014:16).

†

4

오대원 선교사는 누구인가?

Who is Missionary David E Ross?

미국 남장로교 소속 선교사로 한국 파송

"오대원 선교사(David E Ross)는 1960년 버지니아주 유니언신학교를 졸업하고 이듬해 미국 남장로교 소속 선교사로 한국에 파송되었다. 1972년 예수전도단을 설립하고 1980년에 YWAM(Youth With A Mission)과 연합해 국내외적으로 사역을 감당했다. 1986년 이후 지금까지 오댕근 선교사는 미국에서 한인 2세들을 위한 안디옥 커넥션사역5)과 북한 사역을 감당하고 있다."6)

'오대원'이란 이름에 대해서는 다음과 같이 말하고 있다. 한국에 도착한 후 서울 연희동의 언더우드 선교사 집에 짐을 풀었다. 다른 외국인 선교사들과 함께 3개월 정도 머물렀다. 그러나 하루라도 빨리 한국인들과 함께 생활하고 싶었다. 서울 회현동 한옥집에 방 하나를 빌려 이

사했다. 아름다운 한국인 가정을 만날 수 있었다.

한국 이름 '오대원'으로 지음

오대원 선교사는 자신을 이렇게 소개했다. "나의 한국 이름, '오대원'은 그 한옥집 주인이던 오복균 장로님이 지어주셨다. 로스와 가장 유사한 발음이면서 오 장로의 성씨인 '오'씨가 됐다. 이름은 흥선대원군에서 따온 '대원'으로 지었다. 대원군은 굉장히 나라를 아끼고 사랑했으나 그리스도인을 심하게 박해한 인물이었다. 역설적인 의미로 대원군과 반대로 살겠다는 뜻이 담겨 있다. 엘렌은 '오성애'로 지었다."[7]

오 선교사가 저술했던 그의 책 '묵상하는 그리스도인'에서 오대원 선교사를 더 구체적이고 자세하게 소개하고 있다. "예수전도단(YWAM Korea)[8] 설립자인 오대원 목사는 1961년 9월 미국 남장로교 선교사로 한국에 파송되었다. 하루 15시간 이상 열심히 사역했으나 뚜렷한 열매가 없어 고심하던 그는 안식년을 미국에서 보내는 동안 삶과 사역에 일대 전환을 맞는다. 예수 운동(Jesus Movement)을 계기로 성령세례를 체험하고 자신을 쓰시겠다는 하나님의 말씀을 들었다. 그는 또한 하나님께로 부터 한국이 위대한 선교 국가가 되리라는 것과 수 많은 젊은이가 선교사로 열방에 나가게 되리라 비전을 받았다.

> "하나님이 말씀하시기를 말세에 내가 내 영을 모든 육체에 부어 주리니 너희의 자녀들은 예언할 것이요 너희의 젊은이들은 환상을 보고 너희의 늙은이들은 꿈을 꾸리라, 그 때에 내가 내 영을 내 남종과 여종들에게 부어 주리니 그들이 예언할 것이요"(행2:17-18).

서울서 찬양, 성경공부가 예수전도단 시작

서울로 돌아온 그는 학생들과 함께 먹고 자며 기도와 찬양 성경공부를 시작했는데, 이것이 예수전도단의 시초였다. 그 후 성령세례, 치유 사역 등으로 모임이 성장하고 공식 명칭의 필요성이 대두되던 1973년, 단체의 이름을 '예수전도단'이라 명명하고 이 이름은 '오직 예수만 전하자라!'는 뜻으로 시작했으며 말씀. 중보기도. 찬양. 전도에 더욱 주력하였다.

한편, 그해 9월 예수전도단은 국제 YWAM의 대규모 전도팀과 함께 사역하면서, 하나님의 음성을 듣는 것을 비롯해 많은 면에서 그들과 영적으로 일치함을 발견했다. 두 단체의 협력은 그 후로도 지속되었고, 오대원 선교사는 원활한 선교사역을 위해 국제 YWAAM과 연합하고자 기도하던 중에 말씀으로 확증을 받아 1980년 국제 YWAM과 공식적으로 연합하게 되었다.

이를 계기로 예수전도단은 국내라는 테두리를 벗어나 열방을 향한 선교의 부르심에 한 걸음 더 다가가게 되었다. 한국과 한국인을 위해 오대원 선교사의 부르심은 한국 내 사역으로 끝나지 않았다. 1986년 새로운 부르심에 응해 미국으로 돌아간 그는 오늘까지도 미국 내 한인들과 북한을 사랑하는 사역에 헌신하고 사랑과 수고를 다하고 있다.[9] 한국을 떠나는 이 시기가 다시 한번 고향과 친척과 아비 집을 떠나라는 마음이었다. 젊음을 바쳐서 선교에 헌신하며 평생 한 민족을 위해 살아갈 수 있을 것이라고 생각했지만 정부의 정책에 의해서 외국인이란 것으로 인해 한국을 떠나야 했다.

우리는 이미 미국을 떠나 왔던 1961년에 형제와 재매와 고향과 친척을 버리고 머나먼 태평양을 건너 물설고 낯선 땅 한국에 예수 그리스도의 복음을 위해서 살아왔다. 영원하신 하나님을 의지하고 그분이 나의 삶의 모든 것이었으며 위로와 평안과 소망이 되었다. 아이처럼 돌보고 섬기고 사랑한 한국을 떠나야 하는 심정은 다시 한번 예수님의 십자가를 깨닫고 배우는 시간이었다. 또한 자신의 권리를 포기하고 하나님 뜻을 나라 살아가는 방향을 설정할 수있는 기회가 되었다. 잘못하면 모든 사역을 내가 한 것이고 내가 아니면 안 될 것이라는 생각에 쉽게 치우칠 수 있었으나 모든 것을 하나님의 손에 맡겨 드릴 수밖에 없었다.

"여호와께서 아브람에게 이르시되 너는 너의 고향과 친척과 아버지의 집을 떠나 내가 네게 보여 줄 땅으로 가라. 내가 너로 큰 민족을 이루고 네게 복을 주어 네 이름을 창대 하게 하리니 너는 복이 될지라"(창12:1-2).   †

5

1961-1972년
한국 도착 선교

Missionary Arrival in Korea 1961-1972

오 선교사의 한국 도착 사역은 영락교회에서 시작

오대원 선교사는 한국에 도착 후 영락교회에서 대학생 영어성경공부를 인도했다. 1961년 그와 함께했던 대학생들과 당시의 활동사역을 사진으로 남겨 부록란 36면에 앨범 중 하나의 사진으로 남겼다. 그는 한국에 도착해서 언어에 대해서는 다음과 같이 인터뷰를 통해서 밝히고 있다.

> "하나님께 사랑을 받으면 하나님과 밀접한 관계를 가지며 사랑을 나누고 싶듯이, 한국인들에게 많은 사랑을 받으니까 그들과 마음껏 이야기하고 싶었습니다. 한국인을 사랑하게 되니 한국어도 빨리 배울 수 있었습니다."

한국어를 배우는 정서와 감정을 느끼며 습득함

오 목사는 한국 선교사로 파송 받기 전 한국어를 미리 배우지 않았다.

사투리의 영향을 받지 않은 순수한 억양을 배우고 싶었기 때문이었다. 한국에 도착하여 연세대학교 한국어학당에서 한국어 과정을 처음으로 배우기 시작했다. 한국어를 빨리 익히기 위해 종로 거리를 누비며 대화를 시도했다. 빵집과 다방에서 처음 보는 사람과 대화를 나누며 생활 한국어를 익혔다. 뿐만 아니라 부인인 엘렌과도 한국어로 대화했다. 인터뷰 내내 오 목사는 자신의 의사를 정확하게 전달함은 물론이고, 우리말에 담겨 있는 정서를 느끼면서 감정을 싣고 대화를 주고 받았다. 언어란 생각을 전달하는 수단 이상으로, 언어 안에는 그 나라의 역사와 문화가 녹아 있다는 것을 이미 간파하고 있었다.10)

한국 언어를 배우며 한국 문화까지 사랑함

선교지 언어와 동일하게 필요한 것은 문화이다. 문화를 알지 못하면 선교사가 그 언어를 사용함에 있어서 오용(誤用)한다는 것을 알 수 있다. 언어는 문화이며 또한 '민족의 얼'(the soul of the people)이기 때문에 문화에 스며있는 역사를 안다는 것은 선교에 중요한 공통분모를 쉽게 습득하여 복음을 전파하는데 있어서 동질감을 갖고 효과적으로 그들에게 접근할 수 있다. 언어란 민족의 얼이 담겨 있으므로 언어를 구사하지 못하면 그 민족의 역사와 문화를 이해할 수 없게 됨을 오 선교사는 깨닫고 있었다.

오 선교사에게 이 시기는 언어와 문화를 읽히기 위해서 수고한 기간이었다. 남대문 하숙 집에서 기거하면서 연세대 한국어 어학당을 다니면서 언어를 배웠는데 민족을 사랑하고 복음을 알지 못한 민족에서 복음을 전하고 싶은 열정이 충만하여 그 당시는 14시간씩 언어 공부를 하고 사역과 함께 병행했다고 한다.

오 선교사에게 언어는 사랑하고 좋아하며 즐거워하지 않으면 배울 수 없는 부분이 언어인 것을 실감했다. 특별하게 한민족을 사랑하는 마음을 지닌 오대원 선교사 부부는 첫 번째는 언어를 배우는데 최선을 다했으며, 길거리에서 상점의 간판을 읽거나, 사람들을 만나면서 현장에서도 언어와 풍습을 배우는 열정으로 언어습득을 소홀하지 않았다.

그는 한국어를 배우면서 알게 된 것은, "쉽게 간결하게 외국인이 배우기 쉬운 언어라고 말하면서 나는 세종을 존경합니다"라고 했다. 처음 전주에서 김치찌개를 먹을 때의 경험을 말했는데, 뜨겁고. 맵고. 짠 국물을 왜 이 백성이 즐겨 먹는지 잘 적응이 되지 않았다고 했다. 사실 서양 음식은 뜨거운 국물(스프)이 있는 음식이 없으며, 또 뜨겁거나 맵게 짜게 먹는 것이 거의 없다. 그러나 지금은 제일 좋아하는 음식이 한국 음식이며 그중 김치찌게라고 한다. 오 선교사가? 시애틀을 방문했을 때 가장 인상적인 것은 온종일 한식(韓食)을 좋아했다고 한다. 순두부. 김치찌개. 된장찌개 그것도 모두다 찌게 종류였다. 이처럼 한 민족을 사랑하게 되니 언어뿐 아니라 음식도 좋아하게 된 것 같다.

저자는 호주에서 25년 동안 사역하고 있으며 아시아를 사랑하고 선교를 하신다는 분들도 음식까지 사랑하며 동화된 것은 쉽지 않은 것을 볼 수 있었다. 호주에서 국제결혼한 부부도 저녁을 각각 자기 나라 음식을 요리해서 먹는 것을 종종 볼 수 있다. 결혼해도 잘 맞지 않는 것이 음식 문화인데 이런 음식만 생각해 보아도 오대원 선교사는 한국에 대한 사랑으로 음식과 언어에 대한 적응력은 대단한 것 같다.
그 당시는 우리 민족은 단백질을 보충하기 위해서 고기 대신 번데기를 길거리에서 구입해서 쉽게 먹을 수 있었는데 오대원 선교사는 번데기를 먹는 것에 대해서는 제일 어려워했던 것 같다. 또한 개고기는 먹지 못한 것 같다. 지금이야 애완견이 일반화되어 가족처럼 사랑하고 함께 지내지만 그 시절은 똥개로 취급되어 먹이감으로 충분했다. 선교사의 입장에서 우리를 바라 볼 때 얼마나 야만적인 일이었을까?

선교사의 애완견을 잡아 먹은 충격으로 귀국

함께 선교 동역자로 미국에서 오신 선교사께서 대전에서 사역하시다 겪은 일화(逸話)이다. 하루는 선교사 부부가 키운 애완견이 없어져서 온 동네를 찾다가 결국 뒷동산에서 발견했는데 개 목걸이와 개 줄이었다. 한국인 누구인가 그 개를 잡아 먹어버린 것이다. 이 사건으로 인해 미국인 선교사 부부는 한국 사람에 대해 너무 충격을 받았다. "이 사람들이 식인종이구나 잘못하면 나도 잡아 먹히겠다"는 불안함과 초조함으로 여 선교사님은 한국 사람을 두려워하는 공포에 시달리게 되었다. 그 선교사는 선교사 타운에서 나오지 않고 안에서 지내다 결국 한국에서의 사역을 접고 미국으로 되돌아갔다고 한다.

'서울공대교회' 목회사역 시작

오대원 선교사에게 이 시기에 '서울공대교회'를 섬기는 시간이 있었다. "1969년 서울공대교회를 완공하고 교회를 시작할 때, 최창근 장로님은 영락교회를 통하여 오대원(David E Ross) 선교사 부부를 파송해 주셨다. 서울공대교회가 완성된 후 1970년 초부터는 공대 캠퍼스에 서울대 전 교양과정부(1-2학년)가 옮기게 되어 오대원 선교사 부부는 공대뿐 아니라 서울대 전체 모임에도 성경을 가르치며 인도했다."[11]

1972년 오대원 선교사 부부는 공대 학생들 5명과 연희동에 있는 오 선교사 사택에서 화요모임을 시작했다. 그리고 그 해 오대원 선교사 부부는 여름 방학에 학생들을 훈련시켜 전국으로 파송했던 것이 예수 전도단의 시작이다.

한국에서 치유 세미나에 오 선교사 참석함

1970년대에는 프란시스 맥 너트(Fancies MacNutt) 목사는 한국을 자주 방문해 교회에 치유 사역을 소개하며 개신교 목사님들과 신부들이 아침마다 서강대학교에 모여 '치유 세미나'를 가졌다. 저녁에는 실내체육관이나 경기장에 모여 수 천명의 그리스도인이 함께 치유 집회를 열었다. 오대원 선교사도 여러번 참석했으며 하루는 부산 집회에 참석해서 신약 성경에 기록된 모든 종류의 치유를 경험한 시간을 가졌다. 얼마나 치유가 강하게 역사했던지 교파를 초월하여 하나님 치유의 능력이 임하며 풍성한 은혜를 서로 나누는 시간이었다고 한다.

> "형제가 연합하여 동거함이 어찌 그리 선하고 아름다운고 … 거기서 여호와께서 복음 명하셔나니 곧 영생이로다"(시133:3).

오 선교사는 부산에서 이런 모임을 체험하고 다음 날 서울로 가는 장시간 운전을 시작하기 전에 시편 108편을 읽었다. 그리고 1절을 묵상하며 주님과의 동행을 기도했다.

> "하나님이여 내 마음을 정하였사오나 내가 노래하며 내 심령으로 찬양하리로다"(시108:1).

치유 집회에서 임한 능력으로 난시가 낫고 안경을 벗음

부산 집회에서 교단과 교파를 초월하여 역사하신 하나님께서 오랫동

성경적 세계관의 틀과 문화를 도구로
다음 세대를 세우는 토론식 성경공부 교재

삶이 있는 신앙 시리즈

우리가 만든 주일학교 교재는 성경적 세계관의 틀과 문화를 도구로 합니다.

왜 '성경적 세계관의 틀'인가?

진리가 하나의 견해로 전락한 시대에, 진리의 관점에서 세상의 견해를 분별하기 위해서
◇ 성경적 세계관의 틀은 성경적 시각으로 우리의 삶을 보게 만드는 원리입니다.
◇ 이 교재는 성경적 세계관의 틀로 현상을 보는 시각을 길러줍니다.

왜 '문화를 도구'로 하는가?

어린이, 청소년, 청년들의 삶에 가장 큰 영향을 끼치는 것이 문화이기 때문에
◇ 문화를 도구로 하는 이유는 우리의 자녀들이 문화 현상 속에 젖어 살고, 그 문화의
   기초가 되는 사상(이론)을 자신도 모르게 이미 받아들이고 있기 때문입니다.
◇ 공부하는 학생들의 삶의 현장으로 들어갑니다(이원론 극복).

✦ **다른 세대가 아닌 다음 세대 양육**

자기 생각에 옳은 대로 하는 포스트모던적인 사고의 틀을 벗어나, 하나님의 말씀에 기초
해서 생각하고 행동하는 성경적 세계관(창조, 타락, 구속)의 틀로 시대를 읽고 살아가는
"믿음의 다음 세대"를 세울 구체적인 지침서!

✦ **가정에서 실질적인 쉐마 교육 가능**

각 부서별(유년, 초등, 중등, 고등)의 눈높이에 맞게 집필하면서 모든 부서가 "동일한 주
제의 다른 본문"으로 공부하도록 함으로써, 가정에서 부모와 자녀가 함께 성경에 대한 유
대인들의 학습법인 하브루타식의 토론이 가능!

✦ **원하는 주제에 따라서 권별로 주제별 성경공부 가능**

성경말씀, 조직신학, 예수님의 생애, 제자도 등등

✦ **3년 교육 주기로 성경과 교리에 대한 기본적인 이해가 가능하도록 구성(삶이 있는 신앙)**

– 1년차 : 성경말씀의 관점으로 본 창조 / 타락 / 구속
– 2년차 : 구속사의 관점으로 본 창조 / 타락 / 구속
– 3년차 : 하나님 나라의 관점으로 본 창조 / 타락 / 구속

"토론식 공과는 교사용과 학생용이 동일합니다!" (교사 자료는 "삶이있는신앙" 홈페이지에 있습니다)

1 목적

부지불식간(不知不識間)에 대중문화와 또래문화에 오염된 어린이들의 생각을 공과교육을 통해서 성경적 세계관으로 전환시킨다. 이를 위해 현실 세계를 분명하게 직시함과 동시에 그 현실을 믿음(성경적 세계관)으로 바라보며, 말씀의 빛을 따라 살아가도록 지도한다(이원론 극복).

2 구성

쉐·마 분명한 성경적 원리의 전달을 위해서 본문 주해를 비롯한 성경의 핵심 원리를 제공한다(씨앗심기, 열매맺기, 외울말씀).

문 화 지금까지 단순하게 성경적 지식 제공을 중심으로 한 주일학교 교육의 결과 중 하나가 신앙과 삶의 분리, 즉 주일의 삶과 월요일에서 토요일의 삶이 다른 이원론(二元論)이다. 우리 교재는 학생들의 삶 속에서 일어나는 문화를 토론의 주제로 삼아서 신앙과 삶의 하나 됨(일상성의 영성)을 적극적으로 시도한다(터다지기, 꽃피우기, HOT 토론).

세계관 오늘날 자기중심적인 시대정신에 노출된 학생들의 생각과 삶의 방식을 성경적 세계관을 토대로 바라보게 함으로써, 자신을 돌아보고 삶에 적용하는 것을 돕는다.

3 설교

학생들이 공과의 내용을 잘 이해하고, 공과 공부 시간을 풍성하게 하기 위해서, 부서 사역자가 매주 '동일한 주제의 다른 본문'으로 설교를 한 후에 공과를 진행한다.

권별	부서별	공과 제목	비고
시리즈 1권 (입문서)	유·초등부 공용	성경적으로 세계관을 세우기	신간 교재 발행!
	중·고등부 공용	성경적 세계관 세우기	
시리즈 2권	유년부	예수님 손잡고 말씀나라 여행	주기별 기존 공과 1년차-1/2분기
	초등부	예수님 걸음따라 말씀대로 살기	
	중등부	말씀과 톡(Talk)	
	고등부	말씀 팔로우	
시리즈 3권	유년부	예수님과 함께하는 제자나라 여행	주기별 기존 공과 1년차-3/4분기
	초등부	제자 STORY	
	중등부	나는 예수님 라인(Line)	
	고등부	Follow Me	
시리즈 4권	유년부	구속 어드벤처	주기별 기존 공과 2년차-1/2분기
	초등부	응답하라 9191	
	중등부	성경 속 구속 Lineup	
	고등부	하나님의 Saving Road	
시리즈 5권	유년부	하나님 백성 만들기	주기별 기존 공과 2년차-3/4분기
	초등부	신나고 놀라운 구원의 약속	
	중등부	THE BIG CHOICE	
	고등부	희망 로드 Road for Hope	
시리즈 6권	유년부		2024년 12월 발행 예정!
	초등부		
	중등부		
	고등부		

● 『삶이있는신앙시리즈』는 "입문서"인 1권을 먼저 공부하고 "성경적 세계관"을 정립합니다.

● 토론식 공과는 순서와 상관없이 관심있는 교재를 선택하여 6개월씩 성경공부를 할 수 있습니다.

성경적 세계관의 틀과 문화를 도구로 다음 세대를 세우고,
스토리story가 있는, 하브루타chavruta 학습법의 토론식 성경공부 교재

성경적 시각으로 포스트모던시대를 살아갈 힘을 주는
새로운 교회/주일학교 교재!

삶이 있는 신앙 시리즈

국민일보◎
CHRISTIAN EDU BRAND AWARD
기독교 교육 브랜드 대상

토론식 공과(12년간 커리큘럼) 전22종 발행!

기독교 세계관적 성경공부 교재 　고신대학교 전 총장 전광식
신앙과 삶의 일치를 추구하는 토론식 공과 　성산교회 담임목사 이재섭
다음세대가 하나님 말씀의 진리에 풍성히 거할 수 있게 될 것을 확신 　총신대학교 명예교수 신국원
한국교회 주일학교 상황에 꼭 필요한 교재 　브리지임팩트사역원 이사장 홍민기

소비 문화에 물든 십대들의 세속적 세계관을
바로잡는 눈높이 토론이 시작된다!

발행처 : 도서출판 삶이 있는 신앙
공급처 : 솔라피데출판유통 / 주소 : 경기도 파주시 문발로 123 솔라피데하우스
주문 및 문의 / 전화 : 031-992-8691 팩스 : 031-955-4433
홈페이지 : www.faithwithlife.com

안 존재해 오던 편견을 깨뜨리고 형제가 연합하는 것을 기뻐하는 마음을 주셨다고 했다. 오 선교사는 서울로 장시간 운전하면서 마음이 계속 기쁘고 즐거웠다. 그의 영혼이 하나님의 임재 안으로 들어가면서, 영으로 찬양하며 노래하고 기뻤다. 그런데 이때 하나님께서 갑자기 오 선교사에게 착용하고 있는 안경을 벗으라고 하셨다. 그의 눈을 고치시겠다는 것이었다. 그는 수년 동안 시력의 회복을 위해 기도해 왔다. 그런데 그의 안과 담당 의사는 말하기를 "당신같이 난시가 심한 눈에 맞는 안경이 있다는 것이 기적이라고 했다." 수년 동안 눈의 치료를 위해 기도해 온 오 선교사는 눈의 치유는 많은 영적 감정적 치유가 포함한다는 것을 깨달았다.

이런 치유는 앞에 계신 그 예수님을 바라보게 하며, 다른 이들을 그리스도의 영적인 눈을 통해 보게 하셨다. 하나님은 교회의 치유와 오 선교사의 영적, 감정적, 그리고 육체적으로 눈의 치유까지 허락해 주셨다. 하나님께서 그를 향한 놀라운 치유를 통해 예수 그리스도의 위대함을 깨닫게 해 주셨다.

그리고 서울로 올라오는 여섯 시간 동안 운전하는데 실제적으로 안경을 벗었다. 그런데도 오 선교사는 아무런 장애도 느끼지 않았다. 그리고 7년 동안 안경을 쓰지 않았다. 7년 후 나는 다시 안경을 쓰기 시작했고 지금도 여전히 쓰고 있지만 난시(亂視) 때문이 아니다, 자신에게서 난시는 고침을 받은 것이 분명하다. 70년도에 하나님께서 행하신 놀라운 성령의 역사를 통해서 치유가 임하고 교단과 교파를 초월하는 하나님의 역사를 경험하는 소중한 시간들이었다. 오 선교사에게 개인적으로도 오랫동안 기도했던 눈을 치유 받는 확증으로 한반도를 바라

보는 눈이 바뀌게 되었다.12) 하나님께서 한반도를 사랑하셔서 오 선교사를 사역하므로 여러 사람을 불러 모으셨다(God loved the Korean Peninsula. Missionary Oh called in many people because he worked). 그리고 그에게 성령의 역사와 능력을 경험하게 하셨으며(He was made to experience the power of the Holy Spirit), 새로운 시대에 선교를 준비하고 시작하게 하는 시간이었다고 그는 고백했다(He confessed. It was time to prepare and start missionary work in a new era). †

6

1972-1986년
한국 예수전도단 시작

1972-1986: The beginning of
Youth With A Mission in Korea.

한국 예수전도단 설립-오대원 목사

한국 예수전도단은 1961년 미국 남장로교 선교사로 파송된 오대원 (David E. Ross) 목사에 의해 1972년에 설립되었다. 오대원 목사의 사역은 젊은 층, 특별히 대학생 중심으로 활동하기 시작했다. 대학생 선교는 1967년 서울공대 기독학생회 사역으로 시작되었다. 오 목사는 대학생들의 민주화 운동 속에서 오히려 말씀으로 돌아가 성령으로 새롭게 되어 그 뜨거운 열정을 주께 돌이키면 좋겠다는 비전을 품었다.

예수전도단 출발-'화요기도모임'

예수전도단의 출발은 '화요기도모임'으로 시작하였다. 한동안 매주 화요일 광화문에 있는 '구세군회관'을 빌려 집회를 가졌다. 한국에서 '예수전도단'이 활발하게 활동할 때, 국제 YWAM(Youth With A Mission)은 국제적인 단체로 성장하여 한국에 지부를 설립할 가능성을 타진했다. 1973년에 국제 YWAM(와이웸)이 한국 예수전도단'의 도움을 받아 한국으로 단기선교의 훈련을 하러 왔었다. YWAM은 오 목사에게 통합을 제안하였지만 거부했다. 만약 미국에서 선교사들이 대량으로 밀려오면 한국인 리더를 양성하는데 장애가 있을 것을 우려했기 때문이다. 오 목사는 YWAM과 교류는 하고 있었지만 통합은 하지 않았으며, 그때까지 독립적으로 한국 '예수전도단'으로만 집회를 가졌다.13)

그러다 1979년 오 목사 부부는 안식년 중에 국제 YWAM의 열방대학에서 예수제자훈련학교(DTS, Discipleship Training School)의 교육을 받을 기회가 있었다. 이때 오 목사는 중대한 결심을 하게 된다. 이미 세계적인 베이스 캠프를 가지고 있는 국제 YWAM과 통합을 한다면, 한국의 젊은이들을 세계로 파송할 수 있는 비전을 갖게 된다는 것을 간파했다.

오 목사의 인터뷰를 살펴보면, 그는 진정으로 한국인을 사랑하고 있다는 마음이 들었다. 통합의 거부도, 통합의 결단도 자기중심이 아니고 한국 그리스도인 중심으로 해 왔기 때문이다.

한국 '예수전도단'과 국제 YWAM이 통합함

그는 1979년 9월 28일 한국 예수전도단 사역을 국제 YWAM과 연합하기로 결심했으며, 이에 따라 1979년 말에는 남장로교 선교사 직분을 사임했다. 1980년 초 태국 치앙마이 봄 선교대회에서 통합이 이루어졌고, 오대원 목사가 한국 대표로 임명되었다. 정식 한국어 이름은 '예수전도단'으로, 영어 이름은 YWAM Korea로 사용하기로 결정했다.

국제적 선교단체 YWAM 창립-로렌 커닝 햄 목사

'To Know God and Make Him known'(하나님을 알고, 하나님을 알리자), YWAM의 모토이다. YWAM은 1960년 설립된 국제적인 선교단체이다. 창립자 로렌 커닝 햄 목사는 자신이 하나님께 헌신하기로 결정했을 때 하나님께서는 그에게 큰 파도와 같은 물결이 전 세계의 대륙을 덮은 환상을 보여주셨다. 그것을 통해 예수 그리스도를 믿는 수많은 젊은이가 일어나서 큰 파도와 같이 전 세계의 각 나라로 복음을 들고 들어가게 될 것이라는 비전을 갖게 되었다.

YWAM은 예수 그리스도께 헌신 된 모든 세대들을 일으켜 복음을 열방에 효과적으로 전할 수 있도록 훈련시키며 파송하는 것을 목적으로 하는 국제적이고도 초교파적인 선교단체이다. 예수전도단은 하나님 나라의 자녀로서 주님께 예배하고 순종하는 것은 물론, 그의 몸된 교회를 사랑하고 섬기며 나아가 전 세계 모든 민족에게 복음을 전하여 열방을 제자 삼는 데 부름을 받은 것이다.

장기적 선교사 양성에 초점 둔 '예수전도단'

한국 '예수전도단'은 국제 YWAM과의 연합으로 인한 가장 큰 변화는 열방을 향해 나아가는 비전과 함께 도전을 받은 것이다. '국내'라는 지역적 한계에서 벗어나 '해외'로 나갈 수 있는 많은 기회를 갖게 되었다. 한국 예수전도단은 최재선 선교사를 처음 해외에 파송하면서 열방을 향한 첫 발걸음을 내디뎠다. 국제 YWAM과 차이점이 있다면, 한국 예수전도단은 '단기' 보다는 '장기' 선교사를 영성하는데 초점을 둔 것이다. 이후 예수전도단은 예수제자훈련학교(DTS), 대학생제자훈련학교(UDTS), 성경연구학교(SBS) 등 체계적인 훈련을 통해 성장해 갔다.

국제 YWAM 조직 소개

오늘날 국제 YWAM은 전 세계 180개 국에 1천여 개의 지부를 두고 18,000여 명의 전임사역 자들이 함께 사역하는 단체로 발전하였으며 다양한 배경을 가진 사람들이 오직 그리스도의 지상명령 성취를 위해 자신의 삶을 드리는 세계선교를 위한 공동체로 자리매김하고 있다.

8 Mind Molders와 9 Frontire's

특별히 제주 열방대학을 근간으로 예수제자훈련학교, 선교사훈련학교, 성경연구학교 등의 다양한 훈련프로그램을 운영하며 교육, 훈련을 토하여 제자로서의 삶을 살아가도록 돕고 있다. 뿐만 아니라 하나님께서 우리에게 주신 다양한 은사와 방법을 사용하여 8개의 사회 각 영역-8 Mind Molders: 정치, 경제, 교육, 매스미디어, 예술, 종교, 과학기술, 가정과 9개의 최전방 개척지-9 Frontire's: 이슬람권, 힌두권, 불교권, 공산권, 명목상의 그리스도인들, 25세 미만의 사람들, 인구 백만 이상의 대도시들, 미전도 종족, 가난하고 소외된 사람들 등의 모든 영역에 복음을 전파하고 있다. †

7

1986-2020
한인 디아스포라 사역

1986-2020 Korean diaspora ministry

한인 디아스포라(Korean diaspora)는 2021년 현재 세계에 흩어져 살아가고 있는 한 민족이 750만 명 가까이 이르고 있다. 물론 화교(華僑, 중국인)는 현재 5,000만명, 인도인은 2,400만명이 해외 디아스포라가 되어서 살고 있어 숫자는 비교할 수 없지만, 그러나 한인 디아스포라는 한국에 거주하고 있는 인구에 비해 대단한 세(勢)를 가지고 있다고 보면 된다. 한인 디아스포라는 시대적인 아픔을 간직하고 떠난 사람들이며, 민족 구원을 위해 떠난 사람들로 인정된다. 또한 이민과 사업과 학업을 위해 김포공항과 인천공항을 떠났던 한 민족은 지금도 어디서 무엇을 하든지 몸은 떠나 있어도 마음은 떠나 있지 않고 외국 거주지에서도 한인 향우회. 한인 동창회. 한인 교회. 한인회 등 테두리 안에 서로 정체감(identity)을 확인하면서 동질감(homogeneity)을 나누며 살아가고 있다.

우리의 이런 사회적인 환경을 잘 간파한 오대원 선교사는 이미 우리를 열방에 선교사로 보냈다. 우리가 가진 뜻은 다른 뜻일지 모르지만 하나님의 뜻은 흩어져서 복음을 전파하는 것이다. 그리고 해외에서 살면서 더욱 고향과 조국을 사랑하게 되었다. 또한 필그림(pilgrim)의 삶을 통해 오래전에 선교사가 고향과 친척을 떠난 물설고 낯선 땅으로 와서 복음을 증거했지만 지금은 하나님께서 흩어진 백성(디아스포라)을 통해서 자연스럽게 선교적인 사명을 감당하게 하신다고 하면서 한인 디아스포라 선교에 대한 사역에 비전을 그가 평소에 한국선교의 현장에서 가르치곤 했다.

"현재 해외에 세워진 한인교회는 6,000 여곳을 넘어섰다. 1903년 1월에 해외 첫 한인 이민교회가 미국 하와이에 세워진 지 114년 만의 일이다. 미국이 전체 해외 한인교회 중 73%로 가장 많다. '해외 한인교회 주소록'(www.koreanchurchyp.com) 집계에 따르면, 2016년 12월 30일 미국 내 한인교회는 4,421개, 미국을 제외한 82개국에 소재한 한인교회 1,630개이다. 이 둘을 합치면 전 세계 한인 이민자가 세운 교회는 6,051개나 된다. 기독교 박해국 등 보안상 특별한 상황 속에 있는 한인교회는 집계에서 제외됐다. 이들까지 합치면 7천 여곳이 훌쩍 넘는다고 한다."14)

약 7천 개의 한인 디아스포라 교회가 선교의 중요한 핵심 기점이 될 것이다. 이들의 자녀들은 이미 이민 1.5, 2세 3세들로서 언어와 문화에 초월하므로 외국 선교에 강한 동력화(powering)가 될 수 있다는 것을 알고 있다. 그들에게 영적 훈련을 시켜서 통일과 선교를 함께 진행할 수 있는 자원이라고 보고 있다. 이제는 난 곳에서 난 곳의 언어를 가지고 선교사역을 감당 할 수 있다(Now, they can handle missionary work with They where one was born in the language of the country).

한국 정부 정책에 의해 추방명령 받은 오 선교사
88 서울올림픽을 앞둔 정부는 해외선교사가 거리에 많이 다니면 후진 국가로 보인다며 선교사들의 활동을 원치 않았다. 급기야 정부는 한국 에 입국해서 선교사역을 하고 있는 선교사들에게 한국을 떠날 것을 명령했다. 이때 오대원 선교사도 예외가 될 수가 없었다. 1961년 이 땅에 발을 디딘 오 목사는 인생의 마지막 순간까지 한국에 머물고 싶 었다. 그런 그에게 정부의 추방명령은 너무나 충격적이고 가슴 아픈 일이었다.

와해 위기에 이른 한국 '예수전도단'
1986년 오대원 선교사가 정부 정책에 의해서 고국으로 떠난 당시에 '예수전도단'은 와해(瓦解)되는 위기까지 이르게 되었다. YWAM의 관 계자들은 미국 대사관을 비롯하여 여러 곳에 진정서를 보냈지만 소용 이 없었다. 떠나는 오대원 선교사뿐 아니라 남아 있는 '예수전도단'도 위기에 처했다.
그렇다, 그것은 '위험'일 수도 있고 '기회'일 수도 있었다. 시간이 흘러 서야 하나님께서 예수전도단에게 자립할 수 있는 기회를 주신 것이라 는 것을 알게 되었다. 마치 엄마가 아이의 젖을 떼는 상황과 같았다. 오대원 선교사만 의지했던 예수전도단은 이제 오대원 선교사 없이 홀 로서기 시작했다. 오대원 선교사가 한국을 떠난 후 몇 년은 예수전도 단도 시련기를 겪었지만, 시간이 지나면서 오대원 선교사가 떠난 것 까지도 합력하여 선을 이루시는 하나님의 깊은 뜻을 알게 되었다.

"우리가 알거니와 하나님을 사랑하는 자 곧 그의 뜻대로 부르심을 입은 자들에게는 모든 것이 합력하여 선을 이루느니라"(롬8:28).

오대원 선교사의 간증

오대원 선교사는 이 사건을 겪은 후에 이렇게 간증했다.

"이제 그 모든 것이 하나님의 섭리였음을 알았습니다. 한국에서 우리를 떠나게 한 것은 정부가 아니라 하나님이셨습니다. 돌이켜보면 그때까지 주님을 위해서 너무 바쁘게 일해 왔습니다. 그 결과 '주님과 함께 일하는 시간'을 가질 수 없었습니다. 주님과 함께 일하는 시간은 주님의 임재를 기뻐하고 그의 말씀을 듣는 것이었습니다. 잠잠히 하나님을 기다리고 즐거워하는 시간은 하나님으로 인하여 기뻐하는 시간을 말합니다."

"그 시기 많은 사람이 '당신은 너무나 열심히 일하고 있다'고 말했습니다. 그러나 실제로 난 선교사로서 안주하기 시작했습니다. 다른 사람들이 더 많은 일을 하는 동안 난 약간의 칭찬을 받는 것을 즐기는 경향이 있었습니다. 하나님은 이를 기쁘게 받아들이지 않았습니다. 주님은 다른 사람의 유익보다 자신의 유익을 위해 나를 한국 밖으로 옮기신 것이라고 생각합니다. 하나님의 계획은 완벽하셨습니다. 우리가 한국에 남아있었다면 할 수 없었던 전혀 다른 선교를 할 수 없었을 것입니다. 그러나 주님은 우리에게 새로운 문을 열어 줄 준비를 하고 있었습니다."

통일한국을 품고 기도하게 됨

침묵해야 들리는 소리가 있고, 눈을 감아야 보이는 세계가 있으며, 떠나야 품을 수 있는 것들이 있다. 오대원 선교사는 한국에 있을 때는 '한국'만 품었지만, 추방됨으로 '한반도-남북한'을 품고 통일한국을 위한 사역을 할 수 있게 되었다. 결국 하나님은 모든 것을 합력하여 선을 이루신 하나님이시다. 이때로부터 시작하여 한국만이 아니라 한반도를 품고 기도하며 선교와 통일의 선봉장(先鋒長)이 되어 지금도 동일한 마음으로 선교에 몰입한 것을 감사하게 생각한다.

특별한 것은 오대원 선교사는 지역적인 감정이나 민족적인 감정에 치우치지 않고 정도(正道)를 걸으면서도 성경에 말씀한 민족을 사랑하는 마음으로 이 일을 지속적으로 진행하는 것은 이 시대에 하나님께서 부르시고 사용하신 귀한 하나님의 사람이다. 고형원 형제님과 함께 진행하는 통일 캠프를 통하여 한반도(대한민국) 안에 새로운 통일의 바람을 일으키고 있는 일이다.

> "우리의 통일은 남쪽이 지향하는 동시성과 지구화와 북쪽이 추구했던 비동시성과 주체화가 상생하는 과정이라고 생각한다. 남쪽이 강조해온 지구화와 북쪽이 강조해온 주체성은 상호 배타적 관계가 아니라 상호의존적 관계에 있다. 따라서 지구화를 향한 강한 욕망과 자기 정체성에 대한 확인을 결합할 수 있는 초문화적인 행위 주체로서의 한인 디아스포라는 민족 분단의 극복과정을 단축시키는 데 기여할 수 있다고 본다. 이런 장을 시작하고 열 수 있는 문은 한인 디아스포라가 남과 북이 소통할 수 있는 창조적인 제3의 공간에서 지구촌 곳곳에서 건강한 모습을 보여주기를 기대한다."15)

오 선교사가 한국을 떠남으로 새로운 선교의 전기 맞음

또한 한국 예수전도단은 오대원 선교사가 한국을 떠남으로 인해서 새로운 전환점을 맞이하게 되었다. 이때의 예수전도단을 비유하자면, 마치 아비로부터 어린아이가 젖을 떼고 지금까지 젖만 먹고 어린아이로 생활했던 상태를 말할 수 있다. 그러나 이제 장성한 단체가 되기 위해서 성숙의 단계로 들어가야 하는 고통스러운 과정으로 돌입하는 시간을 보내야 하는 것이다. 모름지기 한 단계 업그레이드된 한국 예수전도단이 되어가는 것이다.

> "때가 오래 되었으므로 너희가 마땅히 선생이 되었을 터인데 너희가 다시 하나님의 말씀의 초보에 대하여 누구에게서 가르침을 받아야 할 처지이니 단단한 음식은 못 먹고 젖이나 먹어야 할 자가 되었도다. 이는 젖을 먹는 자마다 어린 아이니 의의 말씀을 경험하지 못한 자요 단단한 음식은 장성한 자의 것이니 그들은 지각을 사용함으로 연단을 받아 선악을 분별하는 자들이니라"(히5:12-14).

한국교회가 선교할 수 있는 기회가 있었다. 그 기회는 한국교회는 조선예수교장로회 총회가 1912년 9월 창립총회를 하면서 중국 산동성 선교를 시작했다. 교단이 조직되면서 해외 선교를 시작한 계기가 이뤄졌다. 방지일 목사(전 영등포교회 원로목사) 부친인 방효원 목사가 선교사로 파송을 받게 되었다. 즉 이때부터 우리나라는 받는 나라에서 주는 나라로 영적으로 처음부터 성장하게 된 나라라고 할 수 있다.[16)

개인과 단체의 아픔은 현재는 이해할 수 없지만 모든 고통과 아픔에는 뜻이 있다. 누가 하나님의 뜻을 헤아려 알 수 있을까? 시간이 지나면서 그때 주님이 우리를 인도하는 한 가지 방법이 바로 아픔 고통이었다는 것을 알 수 있다. 오대원 선교사가 한국을 선교지로 사역하면서 한국 예수전도단도 새로운 전환점을 맞이 하게 되었고 또한 세계 선교를 전적으로 할 수 있는 기틀을 마련하는 기회가 되었다.

안디옥 국제선교 훈련원(AIIM) - 1994년

오대원 선교사는 1994년 시애틀에 '안디옥선교훈련원'(AIIM: Antioch Institute for International Ministries)을 개원했다. 훈련원은 국제 YWAM 소속 단체로 선교 훈련, 북한 연구학교, 캠퍼스 사역에 중점을 두고 있다. 훈련원은 선교사를 훈련하는 '세계선교센터', 선교사와 교회 봉사자들이 재충전하는 '희년쇄신센터', 북한 선교를 위한 '새코리아센터'로 구성됐다. 그리스도인이 하나님과 더 깊은 관계를 가질 수 있도록 도전하며, 그리스도인들을 훈련하여 열방을 향한 부름에 순종하며 살게 하고, 교회를 동원하여 영육간의 잃어버린 자를 찾게 하며, 선교사와 다민족 공동체의 예배와 기도를 돕는 것이다.

오대원 선교사는 '안디옥선교훈련원' 설립목적을 4가지로 설명하고 있다. '선교센터의 중심사역은 4가지이다.

첫째	북한 사랑 사역
둘째	선교사 모집과 이들을 훈련시키는 사역
셋째	장기 선교사들의 치유와 회복을 위한 쥬빌리 사역
넷째	대학생 선교 및 청년선교 동원 및 구제사역

〈Table-1〉 안디옥선교훈련원 설립목적

한편 저자가 사역하고 있는 'YWAM 시드니318' 사역은 한인 디아스포라 사역 중에 하나로 국제 YWAM과 함께 진행하고 있다.

년대별 오대원(David E Ross)선교사 선교 사역 역사

년대	1961년	1972년	1986년	2020년
오대원 선교사	한국 도착. 영락교회 청년 서울공대교회 사역.	예수전도단 시작.	미국으로 사역 이동.	미국 중심으로 안디옥 케넥션 사역 진행 중.
한국 역사	1961년 4.19 1961년 5.16 군사 정변 이후, 농업 사회에서 공업(산업)사회로 변환 시기.	1972년10월 유신 체제 전환 경제 성장을 이루는 시기 (현대,삼성,금성, 대우그룹 등).	제5공화국 1979년 12.12 구테타. 1980년5.18 민주화 운동 전두환 정권.	2017년 부터 시작한 문재인 정부 /시대를 맞이하고 있다.
미국 역사	1960년 존 F. 케네디, 43세 대통령 당선. 1967년 닐 암스토롱 달 표면 인류 최초 도착.	1974년 닉슨 대통령 워터게이트사건 1975년 까지 베트남 전쟁 참가	로널드 윌 슨 레이건 40대 대통령 당선 1981-1989년	1990년-2000년 이라크. 아프카니스탄과 전쟁. 2001년 이슬람 세계무역센터 테러 2016년 대통령 도널드 트럼프 당선

〈Table-2〉 오대원 선교사 사역 역사   †

ⅱ. 오대원 선교사 지도력

8

날마다 묵상을 생활화 한 사역자

A minister who meditated in Every day

인격적인 리더십이 필요한 사역

"톰은 네 개 주에서 35년 동안 다섯 개의 교회를 섬겨온 제3세대의 목사이다. 청년 때 그의 별명은 독불장군. 면도칼. 용감한 청년 목사. 이런 열정으로 그는 고전적인 웅변 기술을 완벽하게 기술하여 신학교에서 설교상을 받았다. 그는 매주일 아침 마다 설교했으며 설교의 기술은 완벽했다. 매해 마다 1천 번이 넘는 심방과 상담을 했으며 교회를 새로 건축하며 놀라운 리더십을 발휘했다. 그런 그가 믿지 못할 일을 당했다. 당회로부터 3개월 동안 기한(期限)을 주면서 다른 사역지를 찾아보라는 것이었다. 톰은 이유가 무엇일까 충격에 휩싸였다.17)

우리가 사역을 하는데 유능한 사역의 기술만 가지고 사역을 확장하며 성공을 이룰 수만은 없다고 본다. 우리에게 사역보다 더 중요한 인격적인 리더십이 더 중요한 것 같다.

오대원(David E Ross) 선교사는 2015년 4월 호주 시드니318 팔순 잔치에서 자신이 지금까지 어떻게 사역했는가?를 3가지를 말했다.

"저는 바울이 '겸손, 눈물, 인내'로 사역한 것처럼 자신도 그렇게 사역했습니다."

언급한 세 가지 덕목 중에서 겸손이 오 목사님에게 가장 적절한 '단어'가 아닌가 생각한다. 그를 존경하는 사람들이 한결같이 하는 말이다. 오대원 선교사를 표현하고 싶을 때 잘 나타나는 말씀이라 생각한다.

"너희 안에 이 마음을 품으라 곧 그리스도 예수의 마음이니"(빌2:5).

오 선교사는 자기를 낮추고 남을 높일 줄 아는 사람이다. 본인이 높거나 위에 있다고 생각하지 않고, 1961년대 한국 사회 상황은 경험하지 않은 사람은 얼마나 어려운 사회였는지 이해할 수 없겠지만 그 시대에 한국에 선교사로 오셔서 현지인을 동역자로 함께 사역한다는 것은 종(從)의 마음과 아비의 마음이 없이는 할 수 있는 것이 아니다. 그분을 보면 늘 겸손했던 것 같다. 자기를 주장하지 않고 자신을 드러내지 않고 조용하게 낮추면서 젊은이가 혹 실수해도 다시 기회를 주면서 일할 수 있도록 배려할 줄 아는 겸손한 선교사였다. 뿐만 아니라 한 민족을 위해 60평생 섬기며 하나님의 사람(the man of God)으로 선교하는 나라가 되도록 섬기는 마음은 인내와 눈물 없이 할 수 없는 일이다.

날마다 묵상을 생활화 한 사역자

> "새벽 아직도 밝기 전에 예수께서 일어나 나가 한적한 곳으로 가사 거기서 기
> 도하시더니"(막1:35)

아침에 제일 먼저 하나님과 친밀함을 나누는 생활을 이어간 사역자가
오대원 선교사의 일상의 시작이었다. 그의 저서 '묵상하는 그리스도인'
에서 그는 다음과 같이 말한다.

> "성경을 읽고 묵상하는 사람이라면, 하나님의 말씀에는 자석처럼 끈 힘이
> 있음을 잘 안다. 성경은 하나님에 대한 지식을 제공할 뿐이리라, 읽는 사람
> 이 하나님을 만나도록 이끈다. 말씀은 그 자체가 생명이고, 그에 접하는 사
> 람보다 훨씬 더 살아 있고 힘이 있다"[18]고 했다.

하나님의 말씀이 자석처럼 끄는 힘이 있다고 말한 것은 말씀을 생활
화하고 그 말씀이 자연스럽게 삶에서 배어 나오도록 훈련한 분이기
때문에 가능한 것 같다. 당시 한국사회의 정서는 조용히 묵상하는 것
보다. 부르짖고 기도하는 것이 일반적이었다. 그리고 그 묵상한 말씀
을 에스라처럼 행하고 가르쳤다.

> "에스라가 여호와의 율법을 연구하여 준행하며 율례와 규례를 이스라엘에게 가
> 르치기로 결심 하였더라"(스7:10).

고아의 아버지 조지 밀러[19]는 그의 삶의 원칙 중 하나를 소개했다.

> "아침에 하나님을 만나기 전에 사람을 만나지 말라!"

영국 사회에 어려운 가운데에서도 믿음으로 고아들을 먹이고 양육할 수 있었던 힘과 능력이 사람을 만나기 전에 하나님을 만났기 때문이라고 했다. 또한 그는 나는 항상 하나님과 그분의 말씀을 충분히 묵상하지 않고는 절대로 일과를 시작하지 않기로 규칙을 세웠다. 또 그는 묵상에 대해서 다음과 같이 말했다.

"묵상은 내가 받은 축복 중에 가장 놀라운 것이다."

"너는 여호와를 기다릴지어다 강하고 담대하며 여호와를 기다릴지어다"(Wait for the LORD; be strong and take heart and wait for the LORD)(시 27:14).

근대선교의 아버지인 윌리암 캐리는[20] 가장 먼저 아침에 했던 일이 조용히 하나님께 나아가 묵상하는 삶을 살았음을 볼 수 있다.

"나는 아침에 하나님을 만나기 전에는 아무것도 하지 않기로 결정했다. 하나님을 위하여 위대한 일을 계획하라! 그리고 그 위대한 일을 실행하라!" (Expect great things from God, attempt great things for God!).

아도니람 저드슨(Adoniram Judson, 1788-1850)은 미국 최초 해외 선교사로서 그의 선교지는 버마(미얀마)였다.[21] 그는 선교 현지를 도착하기 전에 먼저 인도에서 선교하고 있는 윌리암 캐리(William Carey, 1761-1843)를 방문하여 선교 노하우를 얻기 위해 방문했다. 그때 윌리암 캐리는 아침 6시마다 정원에서 주님과 함께 고요한 시간을 가지며 위로의 말씀을 주시면 저녁에는 하루 동안 일어났던 일에 대해 말씀을 드리면서 감사기도를 함께 올렸다. 그가 말한 것은 나의 선교의 원동력과 노하우는 바로 이 아침에 주님과 함께 갖는 시간이라고 했다.

"이 아침의 시간이 나의 어려움을 견딜 수 있게 했고 선교를 지속할 수 있
는 힘과 영혼을 사랑할 수 있는 마음과 원동력을 얻었다"[22]

아도니람 저든슨이 묵상에 대한 도전.을 받고 버마에서 선교할 수 있
었던 힘도 역시 동일하게 묵상이라고 했다. 오대원 선교사도 윌리암
캐리와 아도니람 저드슨, 그리고 조지 밀러처럼 아침마다 제일 먼저
찾는 분이 하나님이었다. 강하고 담대함으로 그분을 기다리고 사모하
는 삶이 그분의 삶이었다. 조지 밀러와 동일하게 묵상이 삶에 있어서
가장 중요한 부분을 차지하고 있었고 즐거움이 갖는 시간이었다. 이
시기에 한국교회는 새벽기도회를 통하여 부르짖는 기도에 열중하고
있었을 때였다. 우리에게 묵상을 가르치고 조용하고 잠잠하게 기다린
다는 것이 개인적으로 부르짖는 기도에 훈련된 나에게 침묵하고 기다
리는 훈련이 제일 어려웠던 것 같다.

Worshiper, God's Word Lover!

'오대원 선교사' 하면 떠오른 첫 번째 모습에서 가장 먼저 떠오르는
이미지는 목사님께서 손을 드시고 모임 중에 주님께 찬양과 경배를
드리는 것이다. 특히 찬송가 '내 영혼이 은총 입어!'와 '할렐루야 찬양
하세!'의 후렴+할렐루야+방언찬양으로 인도하던 열정을 떠올리게 된
다. 두 번째는 항상 큰 성경책을 들고 다니며 말씀을 묵상하고 가르치
는 모습이다. 부흥 한국을 인도하고 계신 고형원 형제는 오대원 선교
사에 대해서 위와 같이 말하고 있다.[23]

오 목사님과 사모님 모두 '경배자'-Worshiper이면서, '하나님의 말씀
을 사랑하는 자'-God's Word Lover!이다."

70-80년대 한국 교회는 어려운 가운데서도 부흥의 큰 길들이 열려 있어서 "주 여! 삼창"(단9:19)이 온 교회에 충만하게 사용되며 부르짖고 기도하는 습관이 되어 있었다. 이런 문화와 상황 가운데서 조용하게 한적한 시간 속에서 묵상을 생활화한 사역자이며, 말없이 묵상을 저희들에게 가르치는 선교사였다. 그는 말씀의 묵상을 감화를 받아서 조용하게 한적한 곳 새벽 미명에 하나님께 나가서 기다리며 그분이 말씀하도록 기다렸던 것 같다.

귀납적 성경공부 방법 도입한 오 선교사

오대원 선교사의 묵상은 시편을 통해서 한 단어, 한 단어를 묵상하는 방법. 시편을 한편씩 읽고 그것을 묵상하는 방법. 묵상을 통해서 잘못된 개인의 오류에 빠지지 않도록 하기 위해 예수전도단에 85년도에 귀납적 성경연구방법학교를 시작하여 균형있게 성경 말씀을 중심해서 묵상하는 것을 가르쳤던 사역자이다. 그 시대에 우리는 성령이 충만하여 성령에 대한 이해와 이적과 기적에 대해서 따를 수 있을 때, 말씀을 통해 기독교 세계관(Cstian view of the world)이 뚜렷하게 자리 잡도록 인도했다. 우리를 인도하시는 분은 말씀이 되어야 한다. 그리고 그 말씀은 개인의 감정이 아니라 분명하게 하나님께서 말씀하신 성경이어야 한다고 가르쳤다.

지도자가 없이 개인적으로 기도생활과 신앙생활을 하다 보면 오류(誤謬)에 빠지기 쉽고 또한 다른 사람의 조언을 듣지 않고 하나님의 관계만 중요하게 여길 수 있다. 이런 잘못된 사상에 빠지지 않도록 하기 위해서 균형을 이루며 말씀 묵상과 성경 공부를 가르친 인도자이다.

"하나님의 말씀과 기도로 거룩하여 짐이라"(딤전4:5).

성경적 세계관으로 인한 변화

우리는 이미 성경보다 앞서 우리의 문화로 가장한 자신의 신념과 신앙이 자리하고 있음을 확인하게 된다. 그러나 '성경적 세계관으로 인한 변화'(A change in the biblical worldview)를 통하여 말씀이 삶이 자신의 심중에 깊게 뿌리내릴 때 열매가 나타난다. 우리는 기도하고 설교 말씀을 들으며 성장했다. 그러나 정작 어떤 시험을 당한 위급한 상황에서 헤쳐나가는 길을 찾아야 할 때, 내 안에 있는 신념, 신앙이 그것을 결정하는 경우가 있다. 즉 말씀의 묵상은 인위적인 자신의 삶의 뿌리를 바꾸는데 동기를 부여하는 역할을 해주는 것이다.

의식과 무의식에서 나타난 행동 결과는 무의식인데 이 무의식을 말씀으로 채워서 변화하도록 돕는 것이 말씀의 진정한 묵상의 힘이라고 할 수 있다. 물론 묵상의 대상은 여러 가지가 있지만 첫째, 오 선교사는 하나님의 말씀을 중요하게 여기고 기초를 닦아둬야 한다고 강조했다. 그래서 그가 저술한 책도 '묵상하는 그리스도인'이라고 하여 말씀 중심의 삶을 온전히 이루는 방법을 제시하는 책을 발행한 것 같다.

그동안 우리가 훈련받을 때, 제일 적응이 잘 안 되고 훈련이 부족했던 부분이 묵상하는데 시간을 할애하는 것이었다. 부르짖고 기도하며 손뼉치고 찬양하며 시끌벅적하게 신앙 생활하는 외면적 신앙생활화에 익숙해 있었다. 한편, 오대원 선교사가 가르치는 묵상을 우리가 적용하기에 어려눈 것은 오 선교사가 외국(서양) 사람이기 때문에 우리와 문화가 다르기 때문이라고 단정하고 노력하지 않았다고 생각했다. 하지만 그는 언제나 성경을 가지고 인도했는데, 예수님도 새벽 미명에 한적한 곳에서 주님과 만남의 시간을 가진 것을 소개했다.

> "새벽 아직도 밝기 전에 예수께서 일어나 나가 한적한 곳으로 가사 거기서 기도하시더니"(막1:35).

묵상의 기도 생활은 인격의 변화와 함께 실천

묵상의 기도 생활은 결국은 인격의 변화와 잠잠하게 하나님과 동행하는 것을 가르친 것이라면 부르짖고 기도하면 아멘, 할렐루야 하는 것은 선교적인 영성으로 진취적이요 도전적이며 이적과 기사를 일어나고 병자들이 낳고 치유되며 눈으로 소리로 뭔가를 보여준 일이라며 묵상은 고요하게 잠잠하게 보이지 않는 나무의 뿌리 부분 같아서 언제나 동일하게 물가에 뿌린 나무처럼 홍수가 와도 가뭄이 와도 변함이 없는 신앙생활의 활력과 기쁨을 주는 근원이 된 훈련인 것을 알게되었다.

호주 시드니에 오랜 시간 사역한 뿌리, 그의 묵상 영향

이런 뿌리가 되는 부분을 훈련하지 않았다면 저자(내)가 타국(他國)에서 지금까지 사역을 진행할 수 있었을까? 다시 한번 감사하지 않을 수 없다. 또한 보이는 부분에 있어서 많이 요동치며 흔들리는 갈대와 같았을 텐데, 늘 묵상하고 하나님의 부르심의 자리에 있도록 도와주고 나의 힘이 되고 도움이 되고 능력뿐 아니라 아침마다 잠잠하게 나를 사랑하고 나를 인정하고 내가 너를 이곳에 보냈고 말을 들을 수 있는 근원이 되었던 것 같다.

현요한 장신대 교수는 '묵상하는 그리스도인', 오대원 선교사 책의 추천서에 "저는 신학이란 학문을 하고 학자가 되었지만. 저의 신앙생활과 신학의 기초는 오대원 선교사님으로부터 배운 말씀과 말씀 묵상에 있습니다. 더 많은 사람이 하나님의 임재 안으로 들어가는 새로운 길을 발견하게 되기를 기도합니다"라고 말했다.

홍성건 목사는 동일한 책, 추천의 글에서 "저는 개인적으로 오대원 선교사의 묵상에 대한 가르침과 그의 묵상에 삶을 곁에서 듣고. 보고. 배울 수 있는 특권을 누렸습니다."

문병헌 장로는 동일하게 추천서에 "묵상하는 그리스도인은 말씀을 가까이하며 사셨던 분의 책 답게 지식이나 신학적 해석에서 멈추기 쉬운 묵상을 하나님과의 친밀한 교제의 차원으로 끌어 올리고 있습니다".

문희곤 목사는 "지금도 묵상을 통해서 하나님과 깊고 친밀한 관계를 몸소 보여주시는 오대원 선교사님은 일과 삶의 참 목적을 놓친 채 정신없이 달려가는 그리스도인과 신앙 공동체에게 '묵상'을 처방합니다".

위의 추천서의 내용들에서 보면 오대원 선교사는 묵상을 생활화하며 묵상을 자신의 즐거움으로 신앙생활에 있어서 가장 기초이며 늘 하나님과 가까이 하고 있는 지도자인 것을 볼 수 있다. 신학이나 학문보다는 하나님과 친밀함을 위해서 묵상하며 인격의 성숙함을 위해서 묵상의 삶을 살아가고 그 모범을 보이는 진실한 사역자였음을 발견하게 된다.

오대원 선교사는 묵상을 통해서 모세 다음으로 지도자가 된 여호수아처럼 하나님께서 주신 말씀을 날마다 묵상하므로 두려움과 염려로부터 자유하려고 항상 하나님을 신뢰하며 따른 본을 보여 주었다. 이스라엘 백성들도 여호수아에게 요구한 것이 우리 선생 모세는 늘 하나님과 함께(출33:11)한 것처럼, 당신도 그렇게 하면 우리는 당신의 말하는 모든 말에 순종하고 따르겠다고 고백했다. 오대원 선교사는 여호수아처럼 하나님의 말씀을 주야로 묵상하므로 하나님과 친밀한 삶을 살았으며 여유롭고 은혜로우며 유우머가 넘치는 지도력을 행사하여 성경적인 리더십을 행한 것으로 믿는다.   †

9

신의 성품에 닮아가는 신실한 사역자

To become alike in the nature of God.
a faithful minister

"이로써 그 보배롭고 지극히 큰 약속을 우리에게 주사 이 약속
으로 말미암아 너희가 정욕 때문에 세상에서 썩어질 것을 피하
여 신성한 성품에 참여하는 자가 되게 하려 하셨느니라"(벧후
1:4).

신의 성품에 참여하는 성품의 그릇

성품이란 그 사람이 가지고 있는 그릇과 같으며, 품격은 사람다움이
다. 즉 지식을 담는 그릇이요, 기질(氣質)을 담는 그릇이다. 우리에게
있는 명예와 신분 재물을 담는 그릇이 성품이다. 성품이 어떠하냐에
따라 그 사람이 가진 소유하고 있는 성품이 아름다울 수도 있고 추할
수도 있다. 성품(personality)이란 그 사람의 모든 것을 담는 그릇이기 때
문에 성품에 문제가 생기면 그 사람이 하는 모든 것에 문제가 발생하

게 된다. 성품은 이처럼 신분에 의해 결정되는 바탕이 되는 중요한 것이다. 그래서 '하나님은 우리에게 신의 성품에 참여하는 자가 되라고 바라고 계신다'(God wants us to be those who participate in God's character). 바울은 말하기를 그리스도를 나처럼 본받으라고 권면하고 있다. 이는 자신의 성품이 예수와 동일해져 간다고 말하고 있다.

> "내가 그리스도를 본받는 자가 된 것 같이 너희는 나를 본받는 자가 되라"
> (고전11:1).

종교개혁자 마틴 루터는 세상을 떠나면서 현금이나 어떤 재산을 남기지 않았다. 그런 그를 누구도 가난하다고 비난하거나 무시하지 않았다. 오히려 독일의 어떤 군주보다도 존경받고 추앙(推仰)받았다. 기독교를 개혁했으며 가진 것은 없어도 존경받은 인물이 된것은 훌륭한 성품을 가진 사람이기 때문이었다.

'하나님에 대해서!'(about God!) '아는 것'과 하나님 그분 '자신(He Himself)에 대해서 아는 것'은 꽃으로 비유하면 '생화'와 '조화' 같다고 할 수 있다. 우리가 오랫동안 예수를 믿고 하나님에 대한 지식이 있다고 해서 하나님을 경험한 것이 아니다. 즉 그분을 맛보아 알아야 한다.

조화와 생화의 차이는 시간이 가면 조화는 시들지만 생화는 생명력이 있기 때문에 지속적으로 꽃을 피고 열매를 맺는 것이다. 동일하게 우리의 인생에 예수님을 아는 것은 세상이 풍랑과 고난과 역경이 왔을 때 알 수 있다. 지속적으로 그리스도 안에서 자라 나간 자는 예수 그리스도의 생명 안에 있는 사람이다. 그러면서도 그분 안에서 자연스럽게 예수 그리스도의 향기가 나오는 삶을 살아가야 하는 것이다24)

오대원 선교사는 사람을 의식하고 두려워하지 않았다. 늘 생생한 생화 같은 분이었다. 앞과 뒤와 생각과 행동이 동일한 인격이므로 고귀한 성품에 아름다운 그릇이라고 할 수 있다. 한민족의 영혼을 동일하게 섬기고 사랑하고 존경해 주고 인정해 주며 늘 격려해 주면서 약한 자를 일으켜 세운 지도자이다.

> "항상 우리를 그리스도 안에서 이기게 하시고 우리로 말미암아 각처에서 그리스도를 아는 냄새를 나타내시는 하나님께 감사하노라"(고후2:14).

생화처럼 언제 어디서나 동일하게 향기나게 할 뿐 아니라. 썩어지거나 죽지 않는다. 우리는 각처에서 그리스도의 향기를 풍기에 한 하나님의 사람이다. 또한 그를 앎으로 인해서,

> "여호와께서 이와 같이 말씀하시되 지혜로운 자는 그의 지혜를 자랑하지 말라 용사는 그의 용맹을 자랑하지 말라 부자는 그의 부함을 자랑하지 말라. 자랑하는 자는 이것으로 자랑할지니 곧 명철하여 나를 아는 것과 나 여호와는 사랑과 정의와 공의를 땅에 행하는 자인 줄 깨닫는 것이라 나는 이 일을 기뻐하노라 여호와의 말씀이니라"(렘9:23-24).

또한 그를 앎으로 인해서 강하고 용맹을 발하며 어디서든지 복음을 전파하는 하나님이 사람이 된 것이다. 홍성건 목사는 자신의 신에 성품에 참여하며 자라나도록 도와주신 두 분을 소개하는 데 한 분은 오대원 선교사요. 한 분은 죠이 도우슨(Joy Dawson)이라고 소개하고 있다. 다음의 말씀 인용은 그들을 소개하는 부분이다.

> "이로써 그 보배롭고 지극히 큰 약속을 우리에게 주사 이 약속으로 말미암아 너희가 정욕 때문에 세상에서 썩어질 것을 피하여 신성한 성품에 참여하는 자

가 되게 하려 하셨느니라. 그러므로 너희가 더욱 힘써 너희 믿음에 덕을, 덕에 지식을, 지식에 절제를, 절제에 인내를, 인내에 경건을, 경건에 형제 우애를, 형제 우애에 사랑을 더하라(벧후1:4-7).
(Or this very reason, make every effort to add to your faith goodness; and to goodness, knowledge; and to knowledge, self-control; and to self-control, perseverance; and to perseverance, godliness; and to godliness, brotherly kindness; and to brotherly kindness, love).

오대원 선교사의 모습은 인자하면서도 자상한 모습이 그 안에 그려져 있었던 지도자였다. 이것은 평소에 신의 성품에 참여하는 훈련을 지속적으로 추구한 결과가 아닐까 본다. 사역에 있어서 능력을 발휘하고 능력을 받기 위해서 말씀을 전하고 가르치기 보다는 신의 성품에 참여하는 삶을 늘 강조했다. 공동생활을 하고 함께 팀으로 사역하는 일을 통해서 누가 잘하고 누가 높은가가 아니라 서로가 팀이 되어 하나가 되는, 즉 형제를 서로 사랑하며 우애하는 본을 교훈으로 가르친 것 같다.

'성공하는 사람들의 7가지 습관'의 저자인 스트브 코비는 사람의 인격 성품에 대해서 말하면서, 성공하기 위한 조건에 갖추어진 스킬 보다는 인품(人品)이 더 중요하다고 했다. 또한 JAL의 경영자는 2012년 다시 사업이 다시 회복된 후 "어떤 사람을 채용(採用)하느냐?"는 기자의 질문에 자기 자신을 사랑할 줄 모르는 사람. 부모를 공경하지 않는 사람, 친구를 귀하게 여기지 않는 사람은, 자기가 가지고 있는 재능만으로 어떤 일도 할 수 없으므로 발탁(拔擢)하지 않고, 성품이 온건(穩健)한 사람을 채용할 것이라 했다.25) "능력이 아무리 좋아도 인격적으로 문제가 있으면 채용하지 않겠다는 것이다. 능력과 인간성 중에 하나를 고르라면 인간성이 나쁘면 능력을 엉뚱한 곳에 쓸 수 있다"고 했다.

벤자민 프랭클린(Benjamin Franklin)[26]

자신의 성품을 개발하기 위해서 1주에 한 가지씩 성품 훈련을 했다고 한다. 반복과 지속적인 훈련과 많은 훈련을 통해서 우리 미숙한 인격이 신(하나님)의 성품에 참여하는 사람으로 변화되는 것 같다.

그가 말하는 13가지 성품

1. 절제: 배부르도록 먹지 마라. 취하도록 마시지 마라.
   Temperance: Eat not to dullness: drink not to elevation.
2. 침묵: 자타에 이익을 주는 말만을 하고, 하찮은 대화는 피하라.
   Silence: Speak not but what may benefit others or yourself: avoid trifling conversation.
3. 질서: 모든 물건은 제자리에 두라. 일은 모두 때를 정해서 하라.
   Order: Let all your things have their places; let each part of your business have its time.
4. 결단: 해야 할 일은 결심하며, 게을리하지 말고 실행하라.
   Resolution: Resolve to perform what you ought; perform without fail what you resolve.
5. 절약: 자타에 이익을 주는 일에 돈을 사용하되, 낭비하지 마라.
   Frugality: Make no expense but to do well to others or yourself; that is, waste nothing.
6. 근면: 시간을 낭비하지 마라. 유익한 일에 종사하고 무용한 행위는 끊으라.
   Industry: Lose no time; be always employed in something useful; cut off all unnecessary actions.
7. 진실: 사람을 속여 헤치지 마라. 모든 언행은 공정하게 하라.
   Sincerity: Use no hurtful deceit; think innocently and justly; speak accordingly.
8. 정의: 남에게 해를 주지 않으며 해로운 일을 해서도 안 된다.

Justice: Wrong none by doing injuries; or omitting the benefits
that are your duty.

9. 중용: 극단을 피하라. 자신의 죄를 생각하고 남의 비난과 불법을금참으라.
Moderation: Avoid extremes; forebear resenting injuries so much
as you think deserve.

10. 청결: 신체. 의복, 주택에 불결한 흔적을 남기지 마라.
Cleanliness: Tolerate no uncleanliness in body, clothes,
or habitation.

11. 침착: 사소한 일, 보통 있는 일, 피할 수 없는 일에 침착함을 잃지 마라.
Tranquility: Be not disturbed at trifles or at accidents common
or unavoidable.

12. 순결: 건강과 자손을 위해서만 성교를 하라. 아둔해지거나 허약해지거나
자타의 평화나 평판을 해지치 마라.
Chastity: Rarely use venery but for health or offspring, never
to dullness, weakness, or the injury of your own or another's
peace or reputation.

13. 겸손: 예수와 소크라테스를 본받으라.
Humility: Imitate Jesus and Socrates.

〈Table-3〉 벤자민 프랭클린이 말하는 13가지 성품

겸손이 제일 어려웠다고 한다.27)

스티브 코비도 자신의 책에서 말한 것은 사람의 능력보다 먼저 성품
을 강조한 것을 볼 수 있다. 세상에서도 성품을 이처럼 강조하는데 신
성(하나님의 성품)을 닮아가고 있는 우리는 더 높은 차원의 인품과 신성을
지니고있어야 되지 않을까 한다. 그렇다 특별히 하나님의 백성은 신의
성품에 참여하는 인격의 변화가 우리 삶의 가장 중요한 자리에 차지
한다. 이런 부분을 가장 많이 강조하며 삶을 아름답게 모범을 보이신

분이 오대원 선교사이다.

하나님은 모세를 향하여 온유한 사람이라고 하셨다. 그러므로 그를 향해 내가 땅을 기업으로 주겠다고 하셨다.

"이 사람 모세는 온유함이 지면의 모든 사람보다 더하더라"(민12:3).

오늘날, 오 선교사는 하나님의 사역을 감당함에 있어서 하나님의 온유함을 배워서(Oh missionary learned God's gentleness when he was in charge of God's ministry), 많은 믿음의 자손들이 배출되게 한 것이다(Many descendants of faith were born). 이런 선한 결과는 그분의 철저한 온유함에서 비롯된 것이라 생각한다(This good result comes from his thorough gentleness).   †

10

하나님의 공급을 신뢰한 사역자

A minister who trusted God's supply

"내게는 모든 것이 있고 또 풍부한지라 에바브로디도 편에 너희가 준 것을 받으므로 내가 풍족하니 이는 받으실 만한 향기로운 제물이요 하나님을 기쁘시게 한 것이라 나의 하나님이 그리스도 예수 안에서 영광 가운데 그 풍성한 대로 너희 모든 쓸 것을 채우시리라"(빌립보서 4:18-19).

허드슨 테일러(James Hudson Taylor)28)는 중국 선교사로 일하면서 사역의 선교 원칙을 정하고 실행하며 '현지화'(situationalization)하면서 선교 사역을 감당했다. YWAM이란 단체는 믿음으로 하나님의 공급을 신뢰하고 사역하는 단체이다. 물론 이 뿌리는 허드슨 테일러이며 또한 근원적인 뿌리는 하나님으로부터 왔다고 믿는다.

"그런즉 너희는 먼저 그의 나라와 그의 의를 구하라 그리하면 이 모든 것을 너희에게 더하시리라"(마6:33).

사역자에게 가정을 허락하시는 하나님

예수 그리스도께서 먼저 해야 할 것을 교훈하셨는데, '그의 나라와 그의 의를 구하는 것이다'. 그렇게 시행하고 나면, 우리가 필요로 하는 조건들을 공급해 주시겠다는 약속의 말씀이다(마6:33).

저자가 결혼하기 전에 한 자매와 결혼하기 위해서 기도하고 있었다. 그전에도 내 자신이 어려운 고민을 가지고 있었는데, '과연 내가 가정을 이루고 살아갈 수 있을까?'를 생각했었다. 왜냐하면 YWAMER로서 믿음의 삶을 살아가는데 나 혼자만 아니라 가정도 하나님께서 조성되도록 허락하실까? 아니 자녀들의 양육을 공급하시는 하나님이실까? 하는 염려 중에 있었다. 이런 시간에 오 선교사님은 나(저자)에게 다음의 말씀을 주셨다.

"내가 어려서부터 늙기까지 의인이 버림을 당하거나 그의 자손이 걸식함을 보지 못하였도다"(시37:25).

위의 말씀은 내가 예수 그리스도의 이름으로 의롭게 되었고, 주님이 하라고 하는 일을 한다면, 주님은 나의 필요를 공급하실 것을 신뢰하도록 확신을 주셨다. 그리고 결혼을 결정할 수 있었다.

뿐만 아니라 오대원 선교사는 미 남장로교회 파송을 의지하지 않고 믿음으로 자립하면서 선교사역에 임하기로 결정했다. 그후 예수전도단 선교사로 지금까지 한국선교에 있어서 신실하게 하나님의 공급을 믿고 의지하면서 3자녀를 입양하며 양육한 삶에 있어서 지도자의 헌신적인 모범을 보여 준신실한 사역자이다.

하나님의 공급을 신실하게 맏는 사역자

이미 오대원 선교사는 하나님의 공급을 신실하게 믿고, 그 공급을 경험한 신실한 사역자이다. 우리는 그와 함께 공동체에서 필요가 있을 때마다 서로 함께 협력하여 기도했었다. 그럴 때 마다 사역에 필요를 오대원 선교사에게 공급해 주시고 말씀하사는 주님을 의지했다. 또 그를 통해 필요를 공급받는 매우 열정적 지도자였다. 그런 필요를 공급할 때 마다 "내가 어떻게 누구를 통해서 했다가 아니었고, 하나님께서 은혜로 우리에게 공급하신 것"이라고 영광을 주님께 돌리는 겸손한 지도자였다.

그는 먼저 공동체를 세워가면서 하나님 나라를 현장에서 이뤄가는 하나님의 영광을 드러내는 일을 했다. 물론, 그 때는 '미국이 부자나라니까 미국이 채워주셨겠지' 우리는 짐작했지만, 그러나 모든 것을 항상 먼저 하나님을 의지하고 배우는 것을 잃지 않았고 언제나 하나님의 공급하심을 의지하라고 우리에게 가르쳐 주었다. 오 선교사는 필요를 채우시고 공급하시는 하나님 그분께 의지하고 기다렸을 뿐 아니라 또한 자신에게 있는 것을 아낌 없이 나눴던 지도자였다.

지금도 우리가 사역하는 선교 현장에서 현지인들의 많은 필요가 요청되고 있다. 그럴 때마다 누가 그 필요를 채우는가? 그 필요는 우리 한인 선교사가 먼저 채우며 사역을 감당해 나가지만, 그 근본은 "하나님이시다!"라는 교훈을 잊으면 안 될 것이다.

오대원 선교사와 함께 생활하고 사역, 전도함

저자는 "오대원 선교사와 함께 사역도 했고, 마포에 소재한 공동생활하는 가정에서 함께 살기도 했다. 81년-85년 사이 예수전도단이 힘있게 일어날 때였다. 그 당시는 헌신한 스텝들이 많이 배가 고팠고, 필요한 것이 한 두 가지가 아니었을 때였다. 스텝들은 공동 생활비도 낼수 있는 여력(餘力)이 없을 때였다. 그 와중에 오 선교사는 사역으로 받은 사례비와 헌금 등을 예수전도단 공동체 운영을 위해 몽땅 드리는 것을 보면서, '참 본이 되는 리더구나'(It's a true example)하는 생각을 많이 했다. 저자는 그에게 사랑의 빚 외에도 다른 빚을 많이 진 셈이다. 지금도 그의 삶과 사역을 통해서 저자가 배우는 것은, 자신(저자)의 호주 사역지에서 어려움이 생길 때, 힘든 일이 생길 때, 그 당시 오 목사님은 어떻게 해결해 나가셨지?라는 질문을 하면서 답을 찾곤 한다. 오 선교사는 말씀을 가르치신 선생이면서도 아비 같은 역할을 했던 지도자였다."29)

자신의 필요뿐 아니라 공동체의 필요를 위해서도 아낌없이 나누어 주면서 아비의 마음으로 사람들을 돌보며 그리스도 몸을 강조했다. 또한 공동체의 몸을 견고하게 하기 위해서 자신의 삶을 희생한 선교사이다. 추길호 형제가 말했던 것처럼 당시는 우리는 공동체 생활을 하면서 당연히 스템 비용을 지불해야 함에도 불구하고 경제적 사정이 어려워서 모두가 감당하기 어려운 시절이었다고 회상(回想)했다.

이스라엘 백성들은 놀라운 하나님의 기적을 남보다 더 깊이 극적으로 체험하고도 그들은 광야의 피폐한 조건만 보면서 어렵다고 항상 불평하면서 살아갔다. 그러나 과연 이 광야에서 하나님이 이스라엘 백성에게 양식을 공급하실까? 그들의 필요를 채워주실까? 염려하고 불안해하지만 하나님께서는 성경의 약속대로 그들이 상상할 수 없는 방법으로 이스라엘 백성들을 인도했던 것을 우리는 기억해야 한다.

> "여호와께서 또 아론에게 이르시되 너는 이스라엘 자손의 땅에 기업도 없겠고 그들 중에 아무 분 깃도 없을 것이나 내가 이스라엘 자손 중에 네 분 깃이요 네 기업이니라"(민18:20).

그가 한국을 떠난 후에도 예수전도단 성장은 지속적으로

하나님의 공급을 신뢰하고 의지한다는 것은, 나의 소유는 없고 오직 하나님을 의지하며 '그분이 나의 공급자'(He's my supplier)라는 것을 신뢰 하는 일이다. 1986년 오대원 선교사가 한국 정부에 의해서 미국으로 돌아가실 그때, 한국 예수전도단의 모든 공동생활 사역의 사무실, 하 우스 등은 월세로 운영해 갔다.

한국 예수전도단에 아무런 소유가 없었고 단지 말씀과 믿음의 유산만 이 우리에게 남겨졌었다. 오대원 선교사가 한국을 떠난 후에도 예수전 도단이 후유증 없이 홍성건 형제님을 통해 지속적으로 성장 가능했던 것은 보이는 소유와 재산이 아니라 보이지 않은 말씀과 믿음의 유산 들을 한국 땅에 남겨 놓았기 때문에 가능했다고 생각한다.   †

11

섬기는 리더십의
모범을 남긴 사역자

A minister who has set an example of
serving leadership.

"인자가 온 것은 섬김을 받으려 함이 아니라 도리어 섬기려 하고
자기 목숨을 많은 사람의 대속물로 주려함이니라"(마태복음 20:28).

리더십(leadership)이란 무엇인가? 리더십이란 어떤 목표를 이루기 위해서
개인이나 단체에 그 어떠한 영향력을 미치는 현장에서 나타내 보이는
힘(power)이라고 말할 수 있다. 특히 어떤 조직을 성공적으로 이끌기
위해 핵심적인 위치에서 영향을 미치는 사람을 '리더'(leader)라고 한다.
그 리더가 그 조직의 공통된 목표를 달성하도록 기술적으로 능력을
발휘하는 영향력이 바로 리더십이다.

피터 드러커(Peter Dracker)는 어려운 리더십의 3자리를 말하면서 미국 대
통령을 제외하고 첫째, 대학총장(The president of the university). 둘째, 병원장

(The hospital director). 셋째, 담임목사(Senior pastor)를 추천했다.30)

이러한 리더의 자리는 사람을 상대해야 하고 또한 사회 제반 분야에 걸친 문제와 함께 예기치 않고 발생하는 문제를 잘 풀어나가야 하기 때문인 것 같다. 같은 의미로 선교단체의 책임자가 된다는 것, 특별히 영적 공동체 책임자가 된다는 것은, 여간 사려 깊게 행동으로 옮기지 않으면 성장으로 이끌고 가기란 쉽지 않은 것 같다. 여기에 하나님의 은혜와 간섭이 배제(排除)되면 하나님의 사역을 감당하기 어렵다고 생각한다.

사랑과 섬기는 리더십의 소유자

그러나 오대원 선교사는 항상 사랑과 섬기는 리더십을 통해서 초대교회에 역사하셨던 하나님의 은혜와 성령님의 감동적 사역과 같이 주도(主導)해 갔다. 마치 '예수전도단 공동체'를 유유히 흐르는 물처럼 이끌어 갔으며, 은혜와 사랑의 공동체를 강조하면서 먼저 앞서서 공동체를 섬겼다.

당시 1970-80년대 한국 상황은 매우 힘 있는 리더십, 강한 리더십을 요구하고 있었고 대부분의 리더십은 "나를 따르라!"(Follow me!)식 이었다. 그러나 오 선교사는 먼저 행하고 가르치며 함께 동거하며 섬기며 도움을 베풀었던 리더십을 발휘했던 지도자였다. 그의 섬기는 리더십은(Servant leadership)은 1970년대 중반 로버트 그린리프(Robert K. Greenleaf)를 통해 처음 도입된 개념이다. 예수 그리스도는 이미 신약시대인 2000여 년 전에 성육신하셔서 우리에게 섬김(종)의 리더십을 보여 주신 분이다. 단 지도자들이 말씀을 따라 행하는 것이 아니라 시대를 따

라 리더십을 발휘했을 뿐이다

오대원 선교사의 섬기는 지도력에 대해서 추길호 형제는 다음과 같이 말하고 있다.

> "오대원 선교는 말이 아니라 삶으로 본을 보여주셨던 선교사이십니다. 자기 것을 아낌 없이 내 주시고 본인의 유익을 위해서 사는 분이 아니라 많은 사람들을 위해 희생하셨던 리더였습니다."

> "너희 중에는 그렇지 않아야 하나니 너희 중에 누구든지 크고자 하는 자는 너희를 섬기는 자가 되고. 인자가 온 것은 섬김을 받으려 함이 아니라 도리어 섬기려 하고 자기 목숨을 많은 사람의 대속 물로 주려 함이니라. 너희 중에 큰 자는 너희를 섬기는 자가 되어야 하리라"(마20:26-28, 23:11).

선교사역 현장에 잘 적용된 리더십

예수 그리스도의 가르침은 섬김의 모범적인 근원을 보여주셨다. 그에 따라서 섬기는 우리가 그 지도력을 발휘해야 하지만, 우리의 리더십이란 것이 시대와 역사적인 상황과 형편에 따라서 원칙과 소신도 없이 행해왔다고 볼 수 있다. 그러나 오대원 선교사는 철저하게 자신을 낮추시고 선교 현장에서 예수 그리스도의 영광이 드러나도록 하나님 나라를 섬겼던 사역자였다. 그는 섬기는 지도자가 되기 위해서 종(從)된 마음가짐을 가졌다. 그리고 종(섬김)의 마음은 태도에서 시작하는데 그 태도는 우리가 그리스도의 마음을 품을 때 성경말씀이 요구하는 지도자가 될 수 있다.

> "너희 안에 이 마음을 품으라 곧 그리스도 예수의 마음이니"(빌2:5).
> " … 주께서 이것들을 마음에 품으셨나이다 이 뜻이 주께 있는 줄을 내가 아나이다"(욥10:13).

그 태도는 신조(creed) 이상인데 그 신조는 우리가 믿고 있는 순전히 지적(知的)인 견해로서 그리스도인의 생활 원리에 영향을 끼치게 된다. 신조의 태도는 다음 것들로 이루어진다.

인지적 요소	다시 말해 지적인 신조나 신념
감정적 요소	이들 신념에 대해 갖고 있는 느낌
의지적 요소	신념 때문에 우리가 하는 행동.[31]

〈Table-4〉 신조의 태도

하나님 앞에서 우리의 올바른 태도를 잃지 않고 유지할 때, 우리는 섬기는 종으로 사용될 수 있다. 오대원 선교사는 언제나 올바른 태도를 견지했다(He always maintained the right attitude). 사람을 가르치려고 하거나 훈계하려 하지 않았다(He didn't try to teach people or admonish them). 그는 하나님의 말씀에 근거한 합당한 태도를 보이면서 자연스럽게 질문을 통해 배우는 자에게 가르침을 받도록 하며 권면하면서 가르치는 성생이었다. 오 선교사는 자신 안에 거주하시는 예수 그리스도의 성품이 자연스럽게 흘러나오도록 한 솔선수범의 지도력을 보여주었다고 말한다.

"제가 보아왔던 오 목사님의 리더십 특징을 두 가지로 간추리자면 첫째, 사람을 세우는 리더십, 둘째, 자신을 낮추는 리더십이라 말하고 싶습니다. 그는 항상 사람을 세웁니다. 많은 사람으로 부터 많이 부족하다는 평가를 받는 인물조차 그분은 과감하게 세워주십니다. 걱정하던 사람들이 사역의 결과를 염려할 때 선교사님은 그 사람과 함께 하시는 성령의 능력을 신뢰하면서 그를 세우므로 결국 그 사람이 살아납니다. 그 사람이 사니까 사역도 살아나는 것을 봤습니다. 그리고 목사님은 끊임없이 자신을 낮추며 주님 말씀대로 살려고 노력하는 지도자이십니다. 옆에서 보면 정말 혹독하리만치 당신 자신에게 엄격하시고 동시에 끊임없이 자신을 비우십니다. 그래서 목사님은 겸손의 모습은 있으나 다가가기 힘든 그런 유형의 리더가 아니고, 스스로 자신을 낮추다 보니 상대가 목사님에게 편하게 다가갈 수 있게 만드는 그런 겸손함을 지닌 리더입니다. 끊임없이 자신을 낮추시면서 항상 사람을 세우시는 것이 오 목사님 리더십의 특징이라고 생각합니다."[32]

한국을 위한 선교사로 또한 한국인들이 선망하는 미국인이기 때문에 쉽게 전통적이고 우월한 리더십으로 예수전도단을 인도할 수 있었을 것이다. 하지만 그렇지 않고 '그는 섬기는 리더십'(servantship)으로 사람을 세우기 위한 겸손의 종으로 항상 견고하면서 이끌었던'(He was a servant, a servant of humility to set men up, always solid and leading). 그 모습이 예수전도단 공동체 된 우리에게 늘 도전이 된 것은 사실이다.

그분을 생각하면서 다음의 컬럼에 유념하고 이같은 지도자로 거듭나고 싶은 심정일 뿐이다.

위대한 체험
The Great Experience

궁중 생활 40년 동안 모세는 I'm something같은 존재였다. 자신이 꽤 가치가 있는 대단한 인물로 알았다는 말이다. 그러기에 자신을 통해서 뭔가를 이루겠다고 발버둥 쳐 봤지만, 궁중에서 하루아침에 화려한 왕자의 신분에서 도망자의 신세로 전락하고 만다.

광야 생활 40년 동안 모세는 I'm nothing같은 존재였다. 광야생활 중에 비로소 자신이 아무 것도 아닌 존재라는 것을 깨달았다는 고백이리라. 바로 그 고백적인 마음을 비우는 신앙은 호렙 산에서 하나님을 만나 [출애굽]의 '대 사명'을 받아내게 된다.

출애굽 생활 40년 동안 아무 것도 아닌 모세를 하나님께서 붙들어 사용되는 I,m everything 같은 존재로서, 구속역사의 주역의 도구로 순전히 하나님께 붙들려 쓰임받을 수 있다는 사실을 발견하게 된다(히11:23-29).

 ***한 인간의*** 길고 긴 인생 역정(歷程)을 통해 체험되고 닦여진 지도력은 나중에 200만 되는 한 민족의 흥망성쇠(興亡盛衰)를 가늠하게 되는 잣대와 도구로 사용될줄 누가 알았겠는가? 또 이스라엘의 출애굽은 하나님의 구속역사의 위대한분수령을 창출하는 사건이기 때문에 모세의 체험은 엄청난 체험일 수밖에 없다.

당신의 체험은 지금 어느 과정을 거쳐 어디쯤 통과하고 있을까? 그 체험에 대하여 얼마나 사려 깊게 대하고 있는가? 신중하고 순종하라. 당신이 하나님의 도구로서, 미래에 얼마나 크고 유용하게 사용될 수 있는가를 각오하면서 순간 순간을 살아야 할 것이다.

〈Table-5〉 모세의 위대한 체험   †

12

먼저 행하고 가르치는 사역자

A minister who preaches and teaches.

"에스라가 여호와의 율법을 연구하여 준행하며 율례와 규례를 이스라엘에게 가르치기로 결심하였었더라"(에스라 7:10).

가르치는 대로, 말씀 대로 행하는 지도자

오대원 선교사에게는 항상 성경을 연구하며 가르치는 대로 실천에 옮기는 모습이 저자의 기억에 남아 있으며, 말씀의 교훈대로 먼저 행하고 난 다음에 잘 가르치는 지도자였다.

"조직에서의 상하관계의 리더가 아니라 가족 관계에서의 아버지로서 자유와 평안함과 감사한 마음으로 순종하고 신뢰함으로 일을 하게 한 지도자였다. 청렴, 검소하며 자기 절제를 잘하고 제자들을 위해 아끼지 않고 베푸는 삶의 모습에서 양을 위해 희생할 수 있는 참된 목자의 모습을 보여주었다. 그러면서도 때론 감정에 정직하고 유머가 있는 부분에서 친밀함을 갖게 하였다".33)

한국교회는 지금 번영신학으로 인해 타(他)에 의해 질타를 받고 있으면서 내부적으로는 청교도 신앙을 강조하고 있다. 맞는 말이다. 예수 그리스도를 믿으면 구원을 받게 되며 아브라함의 복이 우리에게 임하기 때문에 축복은 예수로 말미암아 자연스럽게 우리에게 오는 것이다. 그러나 유대인 역사를 보면 하나님의 택하신 선민이요 하나님으로 인해 많은 특권(복)을 누린 백성이었다. 그러나 하나님은 이런 축복을 유대인만 누리라고 허락한 것이 아니며 열방에 축복의 통로가 되길 원하셨다. 이스라엘 백성은 이런 사명을 외면할 때부터 민족적으로 고통과 어려움을 겪게 되었다.

> "하나님이 우리에게 복을 주시리니 땅의 모든 끝이 하나님을 경외하리로다"(시편67:7).

"말씀의 복음을 주시면 열방에 흘려보내겠나이다!"
사사기는 4가지의 패턴으로 진행이 되는데, 이 패턴이 사사기에 나타나는 이스라엘 백성의 삶의 패턴이다. 우리의 패턴이 아닐까 한다.

첫째, 하나님이 복을 주시는데 복을 나누지 않는다.
둘째, 복을 누리기 때문에 범죄 한다.
셋째, 범죄하는 하나님께서 징계를 한다.
넷째, 징계가 아프고 힘들어 하며 하나님께 회개하고 돌아오게 된다.

〈Table-6〉 사사기의 4가지 패턴

이런 부정적이고 난감한 믿음의 패턴을 깨기 위한 것은 삶의 여정 속에서 실제적으로 긍정적이고 온전한 믿음으로 행하는 것밖에 없다. 행함이 없는 믿음이 죽은 믿음이라고 사도 야고보는 말했다.

"영혼 없는 몸이 죽은 것 같이 행함이 없는 믿음은 죽은 것이니라"(약2:26).

"이와 같이 행함이 없는 믿음은 그 자체가 죽은 것이라"(약2:17).

그러나 오대원 선교사는 늘 청교도적인 신앙으로 먼저 행하고 우리에게 가르쳤던 지도자였다. 함께 전도하고 함께 기도하고 함께 성경공부하고 늘 함께하면서 '나를 따르라!'는 지도력을 '온몸으로 보여 준'(It was shown with the whole body) 지도자였다.

물론 먼저 행하고 가르치신 분이 예수 그리스도이셨다. 또한 한국교회 초기에 순교의 정신을 보이신 주기철 목사님이셨으며(Pastor Joo Ki-chul showed the spirit of martyrdom), 나병 환자와 친구였던 손양원 목사님은 (Pastor Son Yang-won, who was friends with leprosy patients) 우리가 잃을 수 없는 사역의 선각자(先覺者)로서 먼저 행하고 가르친 목회자였다. 복음을 먼저 접한 서구사회로부터 한국에 전해진 복음의 씨앗은 한국 초대교회에서 순교적, 능동적인 복음으로 꽃을 피워 오늘의 한국교회에 이르게 되었다. 한국에 복음을 들고 온 오대원 선교사도 선교의 씨를 뿌린 믿음의 선배들 같이 동일하게 행하며 가르치는 모범을 한국교회와 세계교회에 보여주었다(Missionary David E Ross also set an example to Korean churches and world churches like seniors of faith).

예수전도단과 공동체 안에서 자신의 사생활을 오픈함

3자녀를 입양하여 양육하는 것도 먼저 행하는 믿음의 본을 보여 주었다. 행함이 없는 믿음은 죽은 믿음이라 야고보서는 말했다. 우리 예수전도단 공동체는 주일(Sun day)만 만나는 것이 아니라, 주중(week day) 에도 공동체 안에서 함께 생활하므로 가정 안에서 접하는 모든 일을 동일하게 함께 겪고 있다. 어떤 부분을 감추거나 어떤 면은 과하게 드러 낼 수 없는 특성을 가지고 있다. 그야말로 삶 속에서 서로 동역하면서 신뢰를 쌓아가고 있는 셈이다.

오대원 선교사 가정 역시 예수전도단 일행과 공동체 안에서 자신의 모든 생활을 보여주고 함께 행하고 가르치는 사역자 모습을 보여주었 다. 그러므로 우리 회원들이 그를 무조건 맹목적으로 존경하는 것이 아니라, 믿음 안에서 그가 어떠한 사람인가를 알고 존경하고 따르고 있다. †

13

자비와 긍휼이 많은 지도자

A leader of mercy and compassion.

"너희는 다시 무서워하는 종의 영을 받지 아니하고 양자의 영을 받았으므로 우리가 아빠 아버지라고 부르짖느니라"(로마서8:15).

우리는 예수 그리스도를 믿고 하나님 아버지를 아버지로 부르는 특권(特權)을 얻었다. 이와 반대로 한국사회는 성장기에 있으면서 아버지와 자녀 사이에는 큰 간격(gap)이 있었다. 많은 자녀들이 부모로부터 쉽게 상처를 받거나 아버지를 친밀한 아빠라 부르지 못하고 오히려 상처가 쓴 뿌리를 뻗으며 자라난 시대가 아니었는가 생각해 본다.

오 선교사는 한국을 사랑하여 한국인 3자녀를 입양하여 기르고 양육했다. 아이들이 공동체 안에서 함께 자라나는 것을 볼 때 큰 감동이었다. 내가 자녀를 낳고 길러 보니 하나님의 특별한 사랑이 아니면 할 수 없는 일 같았다. 한 영혼을 사랑하고 민족을 사랑하는 마음으로 자녀들 성인되도록 돌보는 마음에서 오대원 선교사님 안에서 예수님의 모습을 뵌것 같았다.

한국은 입양의 천국이라고 말할 정도로 해외에 나와보면 입양아들이 많다. 1950년 6.25 전쟁으로 나라가 폐허가 되어 재건하기 까지 많은 어려움과 고난과 역경을 견뎌야 하는 일이 있었는데 그 중에서도 과부와 고아들의 생활고 문제였다. 이때 생겨난 단체들이 월드비전단체. 컴패션단체. 현재의 홀트아동복지회 등 이다 34). 이런 단체들은 한국을 구조하기 위해서 생긴 단체들이며 많은 고아와 과부를 돌보는 일들을 했다.

우리 단체는 한동안 역곡에 있는 새소망의집 고아원 건물을 임대하여 DTS, 훈련장소로 사용했는데 이 건물 역시 고아들을 돌보고 있는 단체이며 현재도 그대로 존재하며 진행하고 있다. 일산에 있는 홀트아동복지회를 통해 입양된 해외 아이들은, "보건복지부에 따르면 한국은 1958년 이후 약 16만7000여 명을 해외에 입양을 보냈다. 이는 서류가 존재하는 공식 통계일 뿐 실제로는 더 많을 것으로 추정된다. 이렇다 보니 해외 입양 건수가 특히 많았던 1970~80년대 한국은 '아기수출 대국'이라는 오명을 얻기도 했다. 2000년대 이후 국내 입양이 늘기는 했지만, 해외 입양은 여전히 전체 입양의 3분의 2를 차지한다.35) 2020년도에도 여전히 해외 입양은 3/2를 차지한다. 오대원 선교사는 한국인들이 한국인 입양아를 입양하지 않은 상황 가운데에서 3명의 아이를 입양을 단행하여 실천에 옮긴 것이다. 그의 긍휼히 여기는 마음과 아이들을 사랑하는 마음이 충만했음을 보여주는 대목이다.

"여호와의 인자와 긍휼이 무궁하시므로 우리가 진멸되지 아니함이나이다. 이것들이 아침마다 새로우니 주의 성실하심이 크시도소이다"(애3:23-24).

우리 민족은 주님의 은혜로 멸망 당하지 않고 오늘날 세계 선교를 할수 있는 축복의 국가가 되었다. 이렇게 될 수 있었던 것은 하나님이 우리를 긍휼히 여기셨음으로 가능했으며 또한 선교사들이 와서 그리스도의 사랑과 자비, 그리고 은혜를 베풀어서이다. 하나님은 일하시지만 반드시 각 시대마다 사람을 통해서 일하고 계심을 보여주셨는데, 하나님께서 오대원 선교사를 통해서 일하셨음을 보여주셨다고 믿는다.

<P 79 마지막에 추가를 부탁 합니다>
오대원 선교사는 주님의 성품을 닮으려 노력하므로 자비와 은혜가 많고 늘상 부드러웠다. 미국 선교사로 한국에서 사역하면서 중요한 일을 결정할 때는 YES, NO는 분명하게 표현했다. 조용한 모습으로 상대에게 배려하고 기다려 주었다. 세속성의 거센 유혹과 삶에 대해서는 분명한 태도를 지니고 극복해 가도록 리드해 갔다.

그러면서 오대원 선교사는 현장 선교에 있어서 그와 함께한 공동체의 훈련생에게 선교현장의 사역을 앞장서서 진행하면서 그들을 가르치기에 열정적이었다. 세속성(secularity)의 세력이 교회 안에 침범하지 오지 못하도록 분명한 경계를 지으며 공동체 일원이 세상과 타협하지 않도록 했다(롬12:1-2). 모세는 자비롭고 은혜로운 하나님 앞에서 하나님이 그를 향하여 가장 온유 한 자이다 라고 했다. 모세는 하나님의 일을 진행하면서 온유한 모습도 있었지만, 이스라엘 백성들이 다른 신을 섬기고 있을 때 시내 산에서 받은 십계명을 던졌던 것처럼 불같은 성품도 있었다.

오대원 선교사님은 동역자들과 함께 사역하는 동안 한 번도 화를 내는 모습을 보지 못했다. 아마 이런 온유 하고 자비롭고 노하기를 더디 하신 모습을 통해서 한국교회를 자연스럽게 힐링하신 분이라 생각한다. 우리 예수전도단 공동체는 오대원 선교사님, 당신이 우리 단체 안에 존재하는 것만으로도 좋습니다. 당신의 존재로 말미암아 행복하고 유쾌합니다. 즉 화평케 하는 자는 복이 있다고 하신 말씀처럼, 그리스도인의 특징 중 하나가 화평이어야 하는데 오 선교사님으로 말미암아 힐링이 되면서 화평을 이루는 화목의 도구(a peacemaker)가 되어 주었다. 그렇다! 오대원 선교사 그가 함께 존재하는 것 만으로 만족 그 자체였다고 회상(回想)해 본다.   †

예수전도단은 오대원 선교사와 다섯 명의 학생들이 말씀과 기도로부터 시작됐다.
그러던 것이 점차 사람이 늘어나면서 '예수전도단' 설립이 본격화되었다
-본문 중에서 발췌.

ⅲ. 세계 선교

14

한국 선교의 유산-
예수전도단 시작

The legacy of Korean mission-
The beginning of Youth With A Mission

"또 이르시되 너희는 온 천하에 다니며 만민에게 복음을 전파하
라"(누가복음 6:15).
"그러므로 너희는 가서 모든 민족을 제자로 삼아 아버지와 아들
과 성령의 이름으로 세례를 베풀고"(마태복음 28:19).

한국 예수전도단 시작과 통합

예수전도단을 시작하게 된 가장 큰 동기는 복음을 전하는 일이며, 또
한 복음을 듣는 사람으로 하여금 예수 그리스도의 제자가 되게 하는
일이다. 오대원 선교사는 한국 예수전도단을 설립한 사역자이다. 한국
예수전도단은 오대원 선교사와 다섯 명의 학생들이 말씀과 기도로부
터 시작됐다. 그러던 것이 점차 사람이 늘어나면서 '예수전도단' 설립
이 본격화되어 사역을 시작한 지 10년이 지난 1972년 무렵이었다.

그 뒤에 로렌 커닝햄 목사의 제안으로 1980년부터 국제예수전도단과 한국 예수전도단은 한 단체로 연합하게 되었다.

> "사역 10년 만에 안식년을 가진 후 서울공대 기독학생회로 돌아간 1972년 10월, 당시 계엄령으로 학생들이 다 지방으로 내려가고, 저희 집에서 다섯 명의 모여 아침부터 저녁까지 찬양하고 말씀을 보며 기도했습니다. 학생들이 달리 할 일이 없었거든요. 그렇게 하다 보니 하나님께서 점점 학생들이 붙여줘서 50명, 100명, 200명으로 늘어나셨고 조직이 필요해졌습니다. 그렇게 예수전도 단이 된 것입니다."

예수전도단 시작의 모티브는 예수원 대천덕 신부 멘토
예수전도단은 예수원의 대천덕 신부의 아이디어로 지어졌다. '예수원'은 한곳에 고정돼 있으니 '예수원'이고, '예수전도단'은 예수를 전도하러 다니는 의미를 지니게 됐다. 대천덕 신부는 오대원 목사의 멘토이기도 하다.

> "대천 덕 신부님이 멘토 역할을 톡톡히 해 줬습니다. 신부님은 멘 토를 한국 사람으로 하라고까지 조언해 줬습니다. 그래서 말씀으로는 한 경직 목사님, 예배로는 박재훈 목사님, 한국의 정서에 대해서는 광주의 이수복 시인, 무등산의 허백련 선생 등 많은 분들을 멘 토로 모셨습니다."[36)

오대원 선교사는 한국에 복음을 전하기 위해서 파송받아 왔기 때문에 우리는 오직 예수만 전한다는 마음으로 단체의 이름도 예수전도단이라 했으며, 그에 따라 매주 서울역과 명동에서 복음을 전하는 일을 먼저 시작하였다. 이일은 화요찬양예배가 드리기 전에 먼저 길거리로 가서 복음을 전하고 그들과 함께 예배드리기 위해서 전도를 시행하였다.

한편 Todd 존슨이 파악한 <u>세계 기독교 내부 동향</u>은 다음과 같다.

1. 기독교가 극적으로 남반부로 이동했다
2. 기독교가 조각났고 현재 41,000 개 이상 교파가 있다.
3. 기독교 인구통계는 6가지 요인(출생, 회심, 유입, 사망, 변절, 이주)에
   의해 측정된다.
4. 기독교인들은 유례없는 갱신을 경험하고 있다.
5. 기독교 자원들은 골고루 분배되지 않고 있다.
6. 기독교인들은 다수의 언어들을 구사한다.

그는 기독교 선교 동향을 다음과 같은 다섯 가지로 압축했다. (신기하게
도 아래 1~5 동향들은 서로 역설적인 관계로 이어진다. 즉 '전도하고 있
지만 불신자 전도는 약하고, 타종교인은 접촉하지 않는데도 그들의 반응
은 더 좋다.' 이런 역설적 현상을 어떻게 해석해야 하는가?37)

1. 개인들은 충분한 전도가 실행되고 있다.
2. 대부분의 기독교인들은 불신자들에게는 결코 다가가지 않는다.
3. 기독교인들은 무 슬림들, 힌두교도들, 불교도들을 접촉하지 않는다.
4. 가장 반응이 좋은 자들은 무 슬림들, 힌두교도들, 불교도들이다.
5. 전세계 도시들을 대상으로 하는 선교의 중요성이 증가하고 있다.

그에 의하면, 1910년까지 세계 기독교인구의 80%가 북반구(Global North:
서구)에 있었지만, 1970년에는 남반구(Global South: 비서 구) 기독교 인구가
41.3%에 이르렀고 2020년까지 비서 구 기독교 구가 64.7%로 늘어 서구
기독교 인구를 앞지르는 기독교의 '대전환'을 경험하는 중이다.38)

〈Table-7〉 세계 기독교 내부 동향

우리가 많은 사람을 전도하고는 있지만 실제적으로 믿지 않는 사람을
향하여 달려가는 일은 적다는 것을 말해 주고 있다. 코가 콜라는 설립
후 1975년까지 비전이 모든 사람이 단 한병의 콜라를 마시게 하는 것

이다. 당시엔 선교사가 없는 국가에도 코카콜라는 들어왔다고 했다.

YWAM은 1960년 로렌 커닝 햄에 의해 설립됨
YWAM은 1960년 로렌 커닝 햄에 의해 시작했으며, 모토는 '온 열방에 복음을 전파하자!'는 것이었다. 온 세상 사람들로 하여금 한번의 예수 그리스도의 복음을 듣게 하는 것이었다(막16:15).

1973년 9월, 국제 YWAM 선교봉사단이 한국을 방문했다. 로렌 커닝 햄, 딘 셜만, 조이 도우슨 등을 비롯한 180명의 대규모 선교봉사단을 만났을 때 '우린 하나'(We are one)란 생각이 들었다. 그들은 우리와 똑같이 기도하고 찬양하며 전도했고 하나님의 음성을 들었다.

예수전도단원들은 한달 동안 이들과 함께 서울, 광주, 부산, 대구 등 전국 각 도시에서 전도했다. 매일 오전은 전체가 모여 도우슨과 커닝 햄의 강의를 들으면서 말씀에 대한 갈급함을 채웠다. 이들과 함께하며 단원들은 열방을 향한 뜨거운 마음을 배우게 됐다. '모든 열방을 제자 삼으라!'(Disciple all nations!)는 하나님의 말씀에 깊이 헌신하는 계기가 됐다.

YWAM 한국지부가 자신의 비전이 아니다
당시 이들은 한국에 지부를 세울 계획이었다. 도우슨은 나에게 "로스, 기도하는 가운데 한국 리더로 당신의 이름을 떠올리게 되었습니다. 한국지부를 맡아주겠습니까"라고 물었다. 그 자리에서 잠시 기도한 후 승낙했지만 집으로 돌아와 엘렌과 다시 기도하는 중에 마음의 불안을 느꼈다. 선교봉사단이 떠나기 전날 밤, 그들을 찾아가 요청을 정중하게 거절했다.

한국의 YWAM 독립적 설립으로 한국인 리더 양육의 비전

한국 YWAM(한국, 예수전도단)을 독립적으로 설립한 것은 리더로 한국인을 키우고 세우시려는 하나님의 계획이었음을 알게 됐다. 만약 그들이 한국지부 만을 개척했다면 한국인의 리더십을 독자적으로 성장시킬 기회가 적었을 것이다. 또 언어와 문화적인 장벽은 물론 한국인의 성향에 적합한 훈련을 제공하는 데도 어려움이 따랐을 것이다. 나는 한국인을 리더로 세워야 한다고 생각했다.

오랜 시간이 흐른 후 국제 YWAM와 연합을 기도함

오랜 시간을 보내며 한국 예수전도단 사역을 뒤로 하고 79년 엘렌과 난 안식년을 맞아 세 자녀를 데리고 미국으로 갔다. 가는 길에 국제 YWAM 본부가 있는 하와이를 방문했고 보름 동안 그곳에 머물렀다. 하와이 코나에서 인생의 갈림길에 있는 35세 이상의 사람들을 위한 '제자훈련과정'에 참여하면서 다시 한번 국제 YWAM과의 연합을 생각하게 됐다. 그들과 영적인 일치감을 누리며 '이렇게 한마음이 될 수 있는 지도자들과 일하고 싶다'는 마음이 커져 갔다. 이를 위해 엘렌과 기도했다.

[한국 예수전도단]과 [국제 예수전도단(YWAM)]의 연합 결정

79년 9월 24일, 하나님께서는 구약성경 학개서 2장의 말씀을 주셨다.

> "너희는 오늘 이전을 기억하라 아홉째 달 이십사일 곧 여호와의 성전 지대를 쌓던 날부터 기억하여 보라 곡식 종자가 아직도 창고에 있느냐 포도나무 무화과나무 석류나무 감람나무에 열매가 맺지 못하였느니라 그러나 오늘부터는 내가 너희에게 복을 주리라"(학2:18-19).

그날부터 열매를 맺게 하시겠다는 약속의 말씀이었다. 79년 장로교 선교사직을 사임하고 [한국 예수전도단]과 [국제 예수전도단(YWAM)]의 연합을 결정했다. 바로 주님의 말씀대로 9월 24일에 이루어진 일이었다. 그리고 80년 봄 태국에서 열린 국제 YWAM 모임에서 공식적으로 두 단체의 연합을 선포했다. 예수전도단의 영어이름은 YWAM Korea로 사용하되 국내 이름은 계속해서 예수전도단으로 부르기로 양자간 결정했다.[39]   †

15

예배-화요 찬양 예배

Worship - Tuesday Praise Worship

"아버지께 참되게 예배하는 자들은 영과 진리로 예배할 때가 오나니 곧 이 때라 아버지께서는 자기에게 이렇게 예배하는 자들을 찾으시느니 라 하나님은 영이시니 예배하는 자가 영과 진리로 예배할지니라"(요한복음 4:23-24).

한국 교회는 정식적인 예배, 즉 일반적인 예배 순서에 의한 예배를 강조하며 드려왔다. 어른들에게는 불교와 유교와 샤머니즘적인 사고에 어려움이 없었지만 젊은이들이 예배가 좀 힘들었던 것은 사살이었다. 이때 새로운 예배의 형태로 예배했던 곳이 오대원 선교사가 주관하는 '화요 찬양 예배'(Tuesday Praise Worship)였다. 이런 화요 찬양 예배는 한국 교회에 필요한 사역들을 예언적으로 먼저 행하게 함으로 한국교회에 신선한 도전을 주었다. 예를 들면 찬양집회가 많지 않았던 시대에 이단소리를 들으면서 화요 모임이라는 찬양집회를 인도함으로 한국교회가 젊은이들과 함께 예배로 나갈 수 있는 길을 열었다.

성경에서 말하는 다양한 방법을 사용하여 정기적인 예배를 드렸다. 즉, 기타를 치며 악기로 찬양하는 방법, 손을 들고 일어서서 엎드리고 경배하며 예배를 몸으로 드리는 방법, 새로운 찬양과 방언으로 예배를 드리는 방법으로 동원하여 다양하게 은혜를 추구하는 예배는 기름부으심이 있었고(anointing), 하나님의 임재(presence of God)가 있었으며 참으로 놀라운 일들이 예배를 통하여 일어나게 되었다. 즉 각종 다른 은사가 드러나고 하나님이 행하실 일들을 볼 수 있었던 예배였다. 또한 드라마 등을 사용하는 노방전도를 활성화 시켰다.

예수제자훈련학교(DTS) 등을 통하여 한국교회에 하나님 음성 듣는법, 예배, 중보기도, 내적 치유, 재정 등을 건강한 가르침을 통해 경직된 종교주의에 빠질 수 있는 한국교회를 성령 안에서 생명을 나눌 수 있도록 영향을 미쳤다. 이것은 국제 YWAM(예수전도단)의 영향력이기도 하다."40)

'화요 찬양 예배'와 CCM 복음성가 가수

화요 찬양 예배에서 은혜를 받고 하나님께 예배에 헌신하는 많은 젊은이들이 일어나기 시작했다. 즉 CCM(contemporary christian music)이라고 하는 가수들이 일어났는데 예수전도단에서는 찬양 4집을 박종호와 최인혁 형제 뚜엣의 찬양앨범을 발표했다. 예배를 인도하는 찬양 인도자와 CCM 가수들이 화요 찬양 예배를 중심으로 한국교회에 일어나게 되었으며 이에 더하여 박종호 최인혁 송정미 추길호 등 CCM 전문 찬양사역자들로 현재 사역에 임하고 있다. 이전에 예배에서는 찬양은 준비 찬양 정도로 이해했지만 하나님께 직접 나가는 공식 과정으로 자리 잡는 하나의 길이 되었다.

예수전도단 시작과 명맥을 같이 한 '화요 모임'

'화요 찬양 예배'에 대해서 예수전도단 홈페이지를 통해서는 공식적으로 이렇게 이야기를 하고 있다. "화요 모임의 목적은 한반도의 젊은이들을 일으키고 훈련시켜서 선교 동원가 및 선교사로 세우는 길이다". 예수전도단 화요모임은 예수전도단의 시작과 그 명맥을 같이 한다. 한국 선교사로 미국에서 파송된 오대원 목사는 1973년 초교파 한국 기독청년들의 모임인 한국 예수전도단을 설립하고 매주 화요일 마다 연희동 자택에서 찬양과 기도, 말씀이 있는 공개집회를 열었다.

화요 모임으로서 이 집회의 중요한 목적은 한반도의 젊은이들을 일으키고 훈련시켜 선교사로 세우는 것이었다. 처음 이 모임은 10여 명 정도로 시작되었으나 해가 갈수록 부흥되어 현재 예수전도단의 지부가 있는 국내 15개 도시와 선교사들이 파송된 해외 여러 지역에서 새벽이슬 같은 수많은 젊은이가 모이고 있다.41)

'화요 찬양 예배'는 목적대로 한국교회에 예배에 대한 새로운 바람을 일으키면서 한국교회와 젊은이들에게 새로운 믿음의 소망을 주었다고 생각한다. 특별히 선교에 대한 도전과 믿음으로 가서 복음을 전하라는 말씀을 젊은이들로 하여금 세계 선교에 동참하게 하였다. '화요 찬양 예배'가 하나님께 집중하고 찬양으로 예배를 드렸는데 결과적으로는 선교에 헌신하는 일들이 활발하게 일어나게 되었다.

70-80년대는 한국에서 해외로 출국하기 위해서 반드시 필수인 여권을 받는 것도 어려운 상황이었다. 저자(우리)는 대학생 예수제자훈련을 받을 1984년 8월, 미국 LA에서 실시하는 올림픽 전도여행에 참석하기로 하고 외무부에 여권을 신청했으나 발급받지 못했다. 여권을 받았다

할지라도 그 당시 미국 방문 비자를 받는다는 것은 극히 어려운 시기였다. 그러나 시대와 환경의 어려움을 극복하고 이 시대에 많은 젊은 이들이 선교에 헌신하여 세계에서 선교하고 있으며, 2020년 현재 예수전도단의 이름으로 파송된 선교사만 600명에 이르고 있다. 이토록 '화요 찬양 예배'는 예배자들을 일으키는 일을 했다.

"매주 화요일에 모였던 이 집회는 특정한 이름이 없이 모였기에 사람들로부터 "화요(火曜)모임"이라고도 불리어졌다. 그 당시 오후 6시 반부터 시작되었던 모임에는 마치 목마른 사슴이 시냇물을 찾아오듯이 갈급한 청년들이 모여들었다. 학교와 직장에서 달려와 자리 정돈이 없어도 넓은 강당은 앞자리부터 가득 채워졌다. 갈급한 심령들이 주님을 찬양하며 주님을 깊게 예배할 때 임하시는 주님의 임재는 하늘의 기쁨이 무엇인지를 맛보게 하였다. 강당에 가득 찬 회중들은 더 이상 관객이 아니라 주님의 얼굴을 바라며 전심으로 찬양을 드리는 예배자들이었다. 그 누구도 안수하지 않았어도 찬양을 하는 가운데 육신의 질병으로 부터 치유함을 받고 말씀을 듣는 가운데 자유함을 누리는 역사가 일어나는 등 화요 집회는 청년부흥을 위한 불씨를 받는 장소가 되어가고 있었다.

특히 한국에 상륙한 복음성가들과 한국인에 의해서 만들어진 찬양들이 한국교회에 흘러가도록 주님은 '화요 찬양 예배'를 사용하셔서 예배의 새로운 패러다임이 한국교회에 자리잡는 데 있어서 분 샘과 같은 역할을 하였다(김진호 목사, 우리에게 향하신 작사 작곡. 다리 놓는 사람들).

이런 '화요 찬양 예배'를 통하여 한국 교회에 새로운 찬양의 열기가 시작되었으며 특별히 젊은이로 하여금 예수 그리스도를 알고 더 가까이하며 선교에 헌신할 수있는 기회를 제공하는 모티브가 됐다.

그 당시는 그리스,도 교단을 예로 들자면, '악기 파'와 '무악기 파'로 나누어져 있고 현재도 동일하다. 예배에 있어서 악가를 동원하고 찬양을 주로 사용하여 예배를 운영한다는 것은 당시의 한국교회 정서의 전통적인 예배형식에 반(反)하는 것이었다. 그러나 그런 상황 가운데에서도 화요 찬양 예배는 어떤 비난이나 사람들의 말과 눈을 의식하지 않고 성령께서 하라는 일로 순종하고 진행했다.

화요 찬양 예배는 우리에게 예배뿐만 아니라 어떻게 성령님에게 순종하는 가를 보는 보여주는 예시(例示)가 되었다. 또한 '화요 찬양 예배'를 통하여 경직(硬直)되어 있고 얼어붙은 한국교회를 성령으로 새롭게 불태우는 역사가 일어나게 되었다.

1973년도 '화요 찬양 예배'를 참석 했던 김종환 교수(서울신학대학 석좌교수)는 당시 예배에 참석하여 매주 찬양곡을 받아와서 토요일이면 자신의 교회에서 그 곡들을 복사하여 청년들과 함께 찬양 예배를 드렸다고 한다. 이러한 일들은 천여 명이 모이는 찬양 예배뿐 아니라 다른 사람들에게도 동일하게 적용하여 선한 영향력을 끼치고 싶은 마음이 있었을 것이다.

'화요 찬양 예배'는 현재까지 한국교회와 전 세계 선교국가에서 '열린 예배'(Opening Service)로서 전통 예배(Traditional Service)와 구분되어 자리를 잡아가고 있다. 시대적으로 급변하고 불확실한 상황 속에서 찬양을 통해 한국교회를 깨우치고 새로운 영향력으로 젊은이들에게 도전했다는 것은 지금도 여전히 온 세계에서 예수전도단 지부가 있는 곳은 동일하게 먼저 하나님께 찬양으로 예배하기 위해서 모이고 있다.

"오대원 목사님과 엘렌 사모님은 함께 예배를 통해서 불려지는 성도의 찬양을 통하여 하나님이 임재하시는 보좌임을 알고 계셨기에 늘 찬양을 생활화하며 입술의 열매를 맛보고 삶을 이뤄가고 있었다. 화요 찬양 예배의 찬양은 단순한 음악적인 노래 형태로서 주님의 성품을 통하여 흘러나오는 반응 그 자체였다. 그러나 하나님과 이웃을 향하여 하나님의 역사하심에 초점을 둔 언어로서 찬양이 생활화의 열매로 나타나는 예배와 교제 안에서 흘러나오는 찬양을 노래하는 오대원 선교사님 내외분이었다"(김진호 목사, 1970년 당시 화요찬양예배 인도자, 우리에게 향하신 찬양 작사 작곡, 저자).

김진호 목사는 계속해서 증언하고 있다. 즉 찬양 예배를 통해서 하신 일들이 3가지가 있는데, '퀸쉐러 하나님께 영광', '원수를 두렵게 함', '신자들을 격려함'이었다. 화요 찬양 예배를 통해서 하나님께서 3가지 역사가 일어나게 했으며 이제는 교회마다 찬양을 통해서 이런 역사가 일어나고 있는 것은 부인할 수 없는 현상이다.

"예수전도단 간사로 섬길 때, '우리에게 향하신' 찬양곡을 주님이 주셨는데, 이 찬양이 어떤 면에서는 한국인에 의한 찬양이 화요 모임에서 불려진 것이었다. 음악을 전공하지 않는 저에게 주님께서 이 찬양을 시작으로 새로운 곡들을 주시기 시작하셨다. 그 이유는 아직도 모른다. 그저 상상하건대 찬송을 받으시기에 합당하신 주님께서 부족한 나에게 친히 말씀을 주시고 멜로디를 입혀주셔서 화요 모임을 통해서 한국교회 안으로 흘려 보낼 수 있었던 것은 모세의 마른 막대기를 통해서 홍해를 가르신 주님이 선하심이 나를 도구로 사용하셨기 때문이라고 해석할 수밖에 없다. 주님의 도구로 쓰여짐에 감사할 뿐이다.

예를 들면 마치 처녀작처럼 저에게 주신 곡인 "우리에게 향하신"은 주님이 주신 곡이라고 고백하도록 주님이 다스렸음을 볼 수 있다. 76년 성탄절 새벽송을 돌면서 받은 선물들을 회상해 본다. 미혼모 시설인 애란원을 방문하여 산모와 신생아들에게 주님의 사랑을 전달하고자 연희동교회 청년들과 함께 도착했다.

저는 먼저 교회에 가져갈 선물들을 확인하고 그날의 만남을 위해서 기도로 준비했다. 그때 저의 마음에 "주님, 이 선물들보다 귀한 주님의 말씀을 전달하고 싶습니다. 말씀이 육신이 되어서 이 땅에 오신 주님께서 오늘 어려운 상황 가운데 있는 미혼모들과 아기들을 위해 그들의 마음에 심어주실 말씀을 주십시오"라고 기도하면서 말씀을 구하였다. 그때 그런 생각을 심으시고 기도를 받으신 주님께서 저의 마음속에 시편 117편이라는 숫자를 심어주셨다. 그 말씀을 펴보았다. 두절 가운데 2절이 눈 안으로 들어왔다.

> "우리에게 향하신 여호와의 인자하심이 크시고 여호와의 진실하심이
> 영원함이로다"

그 순간, 1절 말씀과 함께 묵상하면서 이 2절 말씀을 찬양으 로 불러주면 그들의 인생에 큰 복이 될 것이라는 생각이 불일 듯 일어났다.

"너희 모든 나라들아 여호와를 찬양하며 너희 모든 백성들아 그를 찬송할지어다"

그래서 주님께 구했다. "주님 이왕이면 이 말씀을 찬양으로 주십시오"라고 간구하면서 믿음으로 2절 말씀을 통하여 주시는 주님께서 주시는 멜로디를 불러보았다. 부르면서 2절 말씀을 두 절로 부르면 좋겠다는 생각이 떠올랐다. 그래서, 다음과 같이 확정하게 하셨다.

1절. "우리에게 향하신 여호와의 인자 하심이 크고 크도다 크시도다"
2절. "우리에게 향하신 여호와의 진실하심이 영원 영원 영원하시도다"

그리고 동시에 주님이 입혀주는 멜로디를 믿음으로 받기 시작하였다. 두 세번 부르면서 멜로디는 잡혔다. 기뻤다. 주님께서는 항상 삶의 무거운 압박감에 눌려있는 미혼모들과 아기들의 영혼을 사랑하시고 기뻐하심을 알았다. 약 5분도 안되어서 아기가 출산하듯이 위로부터 나의 마음을 통하여 주님께서 주신 노래를 받았다.

그날, 하나님께서는 그 찬양으로 미혼모들을 한껏 축복하고 위로해 주셨다. 출산된 아기들을 품에 안고 찬양으로 주님의 이 복된 말씀을 심어주었다. 그날 자매들의 영혼은 자유 함을 얻으면서 닭 똥같은 눈물을 떨어뜨리기 시작하면서 주님의 사랑에 모두가 감동을 받는 부흥의 현장이 되었다. 나는 이 찬양을 부를 때마다 그때 그 미혼모는 물론 아기들이 이 사회에서 주님의 영광의 빛을 발하는 하나님의 사람으로 크고 위대하신 주님을 예배하는 예배자로 말씀에 의해서 세워졌음을 믿는다"(김진호 목사 우리에게 향하신 찬양에 대해서).

[김진호 목사, 1970년 당시 '화요찬양예배' 인도자 우리에게 향하신 찬양 작사 작곡. 예배 책 저자].

†

16

중보기도 사역

Intercessionary Prayer Ministry

"성실이 없어지므로 악을 떠나는 자가 탈취를 당하는 도다 여호와께서 이를 살피시고 그 정의가 없는 것을 기뻐하지 아니하시고 사람이 없음을 보시며 중재자가 없음을 이상히 여기셨으므로 자기 팔로 스스로 구원을 베푸시며 자기의 공의를 스스로 의지하사"(이사야 59:15-16).

한국교회를 보는 세계교회는 무엇보다 기도에 강한 교회이며 기도가 힘이요 능력이며 기도로 말미암아 살아왔다고 표현한다. "주여!" 삼창이(단9:19) 한국 교회의 영성이요, 한국교회와 민족을 살려냈다. 부르짖으므로 인해 한 많은 인생의 한이 풀어지고 하나님을 가까이 할 수 있는 기회가 되었으리라 생각한다.

"너는 내게 부르짖으라 내가 네게 응답하겠고 네가 알지 못하는 크고 은밀한 일을 네게 보이리라(Call to me and I will answer you and tell you great and unsearchable things you do not know')(렘33:3).

그런데 오대원 선교사를 통해서 우리에게 남을 위한 중보기도, 나라와 위정자들을 위한 기도를 통해서 나라가 변화되고 새롭게 된 것을 우리에게 가르치셨으며 이 중보기도는 혼자 하는 것이 아니라 두 세 사람이 함께 하는 것을 가르치셨다.

> "진실로 너희에게 이르노니 무엇이든지 너희가 땅에서 매면 하늘에서도 매일 것이요 무엇이든지 땅에서 풀면 하늘에서도 풀리리라, 진실로 다시 너희에게 이르노니 너희 중의 두 사람이 땅에서 합심하여 무엇이든지 구하면 하늘에 계신 내 아버지께서 그들을 위하여 이루게 하시리라, 두세 사람이 내 이름으로 모인 곳에는 나도 그들 중에 있느니라"(마18:18-20).

합심하여 두 세 사람이 모이는 곳에 나도 함께 하겠다. 팀으로 중보기도 하는 것, 함께 기도 하는 것, 마음을 나누고 기도하는 것으로 연합하기 때문에 더 많은 상승효과가 있어서 날로 새롭게 되어 갔다. 이 시기에 세계적인 중보기도에 강한 용사이신 죠이 도우슨(Joy downs)을 한국에 자주 초청하여 직접 강의하고 중보기도에 보급을 힘썼다.

죠이 도우슨은 한 가정에 주부로서 중보기도를 생활화 해서 하나님께서부터 받은 응답에 대한 내용들을 강의했으며 국제 YWAM 안에서는 여 선지자적인 역할을 감당하고 있다. 즉 중보기도자로서 하나님의 음성을 듣고 기도하면서 하나님께서 하신 말씀들을 대언하는 역할을 감당하시는 영적 지도자이다. 조이 도우슨은 다음과 같이 말했다.

> 사람이 일하면 사람이 일할 뿐이지만, 사람이 기도하면 하나님이 일하신다
> (When man works, man works/ when man prays, God works).

죠이 도우슨은42) 중보기도를 가르치시면서
효과적인 중보기도 원칙을
다음과 같이 말한다.

1. 우리 속에 고백하지 않은 죄나 허물이 있는지 성령께서 깨닫게 해주시 도록 기도하면서 하나님 앞에서 우리의 마음이 깨끗하게 되어 걸림이 없게 하십시오

   내가 내 마음에 죄악을 품으면 주께서 듣지 아니하시리라(시66:18).

   하나님이여 나를 살피사 내 마음을 아시며 나를 시험하사 내 뜻을 아옵소서 내게 무슨 악한 행위가 있나 보시고 나를 영원한 길로 인도하소서 (시139:23-24).

2. 성령님의 인도하심과 능력이 없이는 실제로 기도할 수 없다는 것을 인 정하십시오. 성령께서 우리를 완전히 주장하시도록 맡기는 기도를 합 시다. 성령께서 우리를 완전히 주장하시고 그 분이 하시는 것을 믿음 으로 받아들 이며 또한 그 분께 감사하십시오.

   이와같이 성령도 우리의 연약함을 도 우시나니 우리가 마땅히 빌 바를 알지 못하나 오직 성령께서 말할 수 없는 탄식으로 우리를 위하여 친히 간구 하시 느니라(롬8:26).

   믿음이 없이는 기쁘시게 못하나니 하나님께 나아가는 자는 반드시 그가 계신 것과 또 그가 자기를 찾는 자들에게 상 주시는 이심을 믿어야 할지니라(히 11:6).

   술 취하지 말라 이는 방탕한 것이니 오직 성령의 충만을 받으라(엡5:18).

   너희가 악할 지라도 좋은 것을 자식에게 줄줄 알거든 하물며 너희 천부께서 구하는 자에게 성령을 주시지 않겠느냐 하시니라(눅11:13).

3. 기도를 방해하는 사탄과 그의 귀신들과 공중의 권세 잡은 모든 악령들 을 강력하게 대적합시다. 대적 할 때는 우리 주 예수 그리스도의 강력 한 이름과 성령의 검인 하나님의 말씀으로 대적하십시오.

   그런즉 너희는 하나님께 순복 할지어다. 마귀를 대적하라 그리하면 너희를 피 하리라(약4:7).

죄를 짓는 자는 마귀에게 속하나니 마귀는 처음부터 범죄함이니라 하나님의 아들이 나타나신 것은 마귀의 일을 멸하려 하심이니라(요3:8).

우리의 씨름은 혈과 육에 대한 것이 아니요 정사와 권세와 이 어두움의 세상 주관 자들과 하늘에 있는 악한 영들에게 대함이니라(엡6:12).

4. 무엇, 무엇을 위하여 기도하겠다고 느끼는 우리의 상상과 욕망, 그리고 우리가 이미 갖고 있는 기도제목들을 일단 버리십시오.

5. 이제부터 갖게 될 놀라운 기도시간에 대해서 믿음으로 하나님을 찬양하십시오. 하나님께서는 놀라우신 분이시며 그 분의 성품에 합당하신 일을 하실 것입니다. 이 기도시간에도 크신 일을 하실 것입니다.

볼지어다 내가 내 아버지의 약속하신 것을 너희에게 보내리니 너희는 위로부터 능력을 입히울때까지 이 성에 유하라 하시니라. 예수께서 저희를 데리시고 베다니 앞까지 나가사 손을 들어 저희에게 축복하시더니 축복하실 때에 저희를 떠나 하늘로 오리우시니 저희가 그에게 경배하고 큰 기쁨으로 예루살렘에 돌아가 늘 성전에 있어 하나님을 찬송 하니라(눅24:49~53).

6. 그 분의 인도하심에 귀 기울이며 기대를 가지고 조용히 주님 앞에 기다리세요.

나의 영혼아 잠잠히 하나님만 바라라 대저 나의 소망이 저로 좇아 나는 도다 (시62:5).

오직 나는 여호와를 우러러보며 나를 구원하시는 하나님을 바라 보나니 나의 하나님이 나를 들으시리로다(미7:7).

내 백성이 내 소리를 듣지 아니하며 이스라엘이 나를 원 치 아니하였도다 그러므로 내가 그 마음의 강퍅한 대로 버려두어 그 임의대로 행케 하였도다 내 백성이 나를 청종하며 이스라엘이 내 도 행하기를 원하노라(시81:11~13).

7. 우리의 생각 속에 하나님께서 하나님 가져다 주시는 것(떠오르게 하시는 것)을 믿음으로 순종하십시오.

내 양은 내 음성을 들으며 나는 저희를 알며 저희는 나를 따르느니라(요 10:27).

그 분의 인도하심을 계속 구하며 그 분이 우리를 인도하기를 기대하십시오. 그 분은 인도하십니다.

내가 너의 갈 길을 가르쳐 보이고 너를 주목하여 훈계하리로다(시32:8).

8. 하나님께서 말씀을 통하여 우리에게 어떤 지시나 기도의 확인을 주실 수 있도록 항상 성경을 펼쳐 놓고 기도합시다.
주의 말씀은 내 발의 등이요 내 길의 빛이니다.(시119:105).

9. 하나님께서 우리의 마음에 다른 기도제목을 주시지 않을 때에는 놀라운 기도 시간을 주신 것을 감사하고 찬양하면서 기도를 마치십시오.
이는 만물이 주에게서 나오고 주로 말미암고 주께로 돌아감이라 영광이 그에게 세세에 있으리로다. 아멘(롬11:36).
우리 가운데서 역사하시는 능력대로 우리의 온갖 구하는 것이나 생각하는 것에 더 넘치도록 능히 하실 이에게 교회 안에서와 그리스도 예수 안에서 영광이 대대로 영원 무궁하기를 원하노라. 아멘(엡3:20~21).
그를 향하여 우리의 가진바 담대한 것이 이것이니 그 의 뜻대로 구하면 들으심이라(요일5:14~15).
우리가 무엇이든지 구하는 바를 들으시는 줄을 우리가 안즉 우리가 그에게 구한 그것을 얻은 줄을 또한 아느니라.

〈Table-8〉 죠이 도우슨의 중보기도 원칙

한국교회의 당시 상황은 정말 기도를 많이 한 시기였다. 새벽기도. 철야기도. 금식기도. 산기도. 서울에 가까운 곳 강북에서는 삼각산. 강남 지역에서는 청계산 등에서 산에 올라 기도하는 중 소나무 뿌리를 뽑아내면서 "주여!" 삼창을 밤새도록 외치면서 기도를 했다. 이제는 입산금지가 되어있는 '구국기도원'이라고 하는 서울 주변의 산을 입산할 수가 없지만, 그때는 등산객이 아니라 기도하는 용사들의 산이었다.

그래서 한국교회 기도를 세계가 인정하고 지금도 국제 모임에서 기도할 때는 코리안 스타일로 기도하자고 한다. 이것이 "주여!" 삼창이다

(단9:19). 우리 민족이 이처럼 부르짖고 기도하게 된 동기는 한 많은 민족이었기 때문에 부르짖고 기도할 때 하나님께서(렘33:3) 역사하시고 일하시지만 큰 소리로 부르짖어 기도하니 자신의 한이 자연스럽게 치유가 된 것 같기도 하다. 또한 부르짖는 기도와 산 기도 등으로 담대함과 힘을 얻고 믿음을 갖고 앞서갈 수 있었던 것 같다.

두려움이 많고 의심이 많고 앞으로 전진할 수 없을 때 부르짖는 기도를 통해서 이런 힘과 능력이 부르짖고 기도 할 때 나왔던 것 같다. 치유가 임했다고 했는데 일제 강점기와 6.25의 전쟁으로 일어버린 가족과 재산과 아픔을 치유했으며 또한 폐허가 된 땅에 다시 일어날 수있는 힘이 생겨 난 것 같다.

"내가 주를 의뢰하고 적군을 향해 달리며 내 하나님을 의지하고 담을 뛰어넘나이다"(시18:29).

우리 시대는 이런 아픔을 경험하지 못하고 자랐지만 민족의 뿌리와 아픔이 흘러 들와 있었던 것 같다. 지금은 국가의 경쟁력도 세계 10위권 안에 들어 있어서 선교할 수 있는 나라로 하나님께서 세워주셨는데 이 모든 것을 기도의 힘으로, 기도했기 때문에 하나님의 역사가 나라 전체 안에 일어난 것 같다.

그러나 우리가 기도하고 힘을 얻고 능력을 얻고 역사를 이루어 낸 것을 사실이지만 내면의 세계 안에 새로운 안정감과 친밀함에 대해서는 생각해 볼 일이다. 자수성가한 가정에서 자식들은 부모의 수준에 따라 오지 않으면 사랑받을 수 없고 인정받지 못하는 또 다른 상처가 나올

수 있는 삶의 정서에 문제가 다가오게 되었다.

이런 시기에 중보기도를 통해서 한국교회에 새로운 영향력을 준 선교 사역자가 오대원 선교사이다. 중보기도는 남을 위해 하는 기도이며, 하나님의 음성을 듣고 기도하는 것이다. 잠잠히 하나님을 바라보고 하나님께서 하라고 하는 기도를 하는 것이 중보기도이다. 즉 중보기도를 통해서 우리는 양손의 검을 갖게 되었다. 부르짖어 기도하므로 한국적인 선교의 영성(靈性)도 갖고 듣고 묻고 기다리면서 기도하므로 인격적인 영성도 갖게 된 것 같다. 이런 영향력과 가르침을 오대원 선교사를 통해서 한국교회에 흘려보내신 것이다.   †

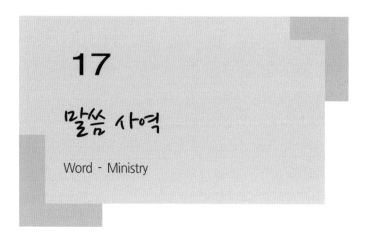

17

말씀 사역

Word - Ministry

"구원의 투구와 성령의 검 곧 하나님의 말씀을 가지라
(Take the helmet of salvation and the sword of
the Spirit, which is the word of God)"(에베소서 6:17).

한국 사회는 6.25 전쟁의 동족상잔(同族相殘)의 비극으로 온 국토는 폐
허가 된 상태였다. 폐허(廢墟)가 된 잿더미 상태에서 국가를 재건해야
하는 극한 어려움과 먹고 사는 것을 해결해야 하는 초근목피(풀뿌리와 나
무껍질)로 끼니를 연명하는 시대였다. 그러나 한국은 비참하고 참담한
가난의 시대로 전락한 이런 어려움을 극복하고 경제가 성장했으며 이
과정에서 한국 교회도 1960년부터 1980년대까지 1년에 60만 명이 복
음화되고, 10년 동안에 한국 기독교는 200%까지 성장하는 시대가 될
만큼 기독교 복음이 초 고속으로 성장하기에 이르렀다.

이런 부흥의 이유 중 하나는 곳 어려움을 극복하기 위해 신(god)을 찾는 간절한 마음이 작동(作動)했을 것이라 생각한다. 이렇게 기독교가 성장할 때 우리 신앙의 뿌리는 오래된 불교와 유교와 샤머니즘의 사상이 남아있어서 외국 선교사들이 볼 때는 한국 기독교가 혼합주의처럼 보였다. 기독교(예수)만 갖고 순수하게 살아왔던 환경이 아니기 때문에, 상황에 따라서 믿음의 결과가 다르게 나오기도 했다. 즉 성경적인 결정(세계관)이 아니라 옛 습관에서 나오는 행동이 나오게 된다.

귀납적 성경연구 방법을 한국에 도입

열정적으로 하나님을 찾고 기도하는 한국교회의 영성 중 '주여 삼창'(단9:19)을 지나칠 수 없다. 이런 영성으로 한국교회는 세계가 놀라는 부흥을 가져왔다. 그러나 내면의 세계에서는 성경을 알고 행하는 삶이 아니기 때문에 또한 설교도 귀납적 연구에서 나온 것이 아니고 연역적(deductive)으로 설교하며 제목 설교가 강한 편이었다. 이 시기에 우리에게 성경을 깊이 알고 평신도로 하여금 쉽게 성경을 접근하도록 오대원 선교사는 귀납적 성경연구(Inductive Bible Study) 방법을 한국에 도입하여 가르치기 시작했다.

성경 연구에서 이미 2가지 방법은 널리 사용되었다. 그러나 귀납적 성경 연구방법은 성경을 연구하면서 저자의 기본 저자의 의도를 찾아가는 수단이며, 연역적 방법은 이미 주제 등을 설정해 놓고 연구하는 방법이다. 이미 결과를 정해놓고 연구하는 방향을 찾아가는 방법은 연역적이며, 귀납적 탐구 방법은 성경을 관찰하고 해석하고 적용함으로 저자의 정확한 의도를 파악하여 가장 가까운 해석을 통해서 성경을 연구하는 방법이다.

저자(나)는 한국 예수전도단이 주최한 '귀납적 성경연구 방법세미나'에 예수제자학교(DTS)학생으로 참석할 수 있었다. 1984년 1월 엘 모레이 Moray)가 한국을 방문하여 3주간 귀납적 성경연구 방법론을 세미나에서 가르친 바 있다. 강사 엘 레이는 성경학자이며 미국에서 귀납적 성경연구 방법론자의 권위자이다. 이때를 시작으로 한국 예수전도단에서는 귀납적 성경 연구 방법 학교(SBS) 1985년 김대영 교장 선생님을 시작으로 현재까지 진행되고 있다. 오대원 선교사는 현재도 SNS를 통해서 말씀 연구하신 것을 부지런히 나누고 있어서 한국뿐 아니라 세계 각지에서 연구를 위해 방문하고 있다.

연역적인 성경공부 방법과 귀납적인 성경공부 방법 대조

구분 \ 방법	연역적인 방법	귀납적인 방법
의미	결론을 먼저 내려놓고 그 결론을 입증해 가는 방법(증명의 논리)	개개의 사실에서 출발해서 결론에 이르는 방법(발견의 논리)
중심 역할	리더 중심	참여자 중심
방 법	전달중심(일방적 의사전달)	토의중심(쌍방적 의사전달)
강조점	지식의 전달	적용을 통한 인격의 변화
장 점	-짧은 시간 안에 체계적이고 종합적인 정보를 얻을 수 있다	-자신이 발견한 것이므로 적용에 유리하다 -연역적인 방법으로 알지 못하는 것들을 발견할 수 있다
단 점	-적용이 취약하다 -리더에게 의존적이 될 수 있다	-시간과 노력이 많이 든다

〈Table-9〉 두 가지 성경공부 방법

귀납적 성경연구 방법의 역사적 배경

1970년대까지 독일의 고등비평운동인 역사비평 방법론이 큰 파장을 일으키며 보수적 신학계에 큰 파란과 혼란을 불러왔다. 그러나 1960 년 후반 서방세계는 구조주의라는 접근법이 등장한다. 신학계도 이러한 시대적인 영향을 받아 새로운 접근방법이 시도되었다. 이런 접근방법을 공시적 방법론이라 한다.

공시적 방법론은 역사비평론 방법론이 지나치게 본문의 역사성에만 집중했음을 지적하면서 본문의 역사성보다 언어학적 측면을 중심하며 그 구조와 단면을 보려는 접근방법이다. 그러나 귀납적 성경연구는 이러한 시대적 흐름이 형성되기 이전 윌버트 W. 화이트(Wilbert Webster White. 1863-1944)에 의해서 먼저 시작되어 그 바탕을 만들었다. 화이트는 프란시스 베이컨의 귀납적 방법론을 기초로 한 성경연구 방법론을 만들고 성경연구에 적용하였다. 화이트는 뉴욕에 NYTS(New York Theological Seminary, 1900)을 세우고. 자신이 고안한 귀납적 성경연구 방법을 가르쳤다.

귀납적 성경 연구 방법은 성경을 관찰하고 해석하고 적용하게 하는 효과적 유익이 있다. 참으로 간단하지만 많은 훈련이 필요로 하는 성경연구 방법이다. 2020년 현재는 제주 열방대학의 성경연구원을 통하여 귀납적 성경연구 방법론과 그에 대한 성경연구가 활발하게 전개되어 가고 있다. 저자가 있는 시드니318 캠퍼스에서는 BCC(Bible Core Course) 과정을 진행하고 있다.

한국영성과 귀납적 성경연구가 하나 된 영성
한국 교회에 귀납적 성경연구 방법을 통하여 우리 개인의 세계관을 기독교적 세계관으로 전환하며 말씀을 사모하고 사랑하여 성경을 가까이하는 큰 역할을 감당했을 것이라고 생각한다. '주여 삼창'인 한국인의 영성과 귀납벅적 말씀의 영성이 하나가 되어 샤머니즘이 아니라 하나님의 말씀 중심의 사역들과 삶이 한국 교회와 사회에 널리 전파되었다. 지금은 세계선교를 넉넉히 감당할 수 있는 기초적인 틀을 오대원 선교사의 귀납적 성경연구 방법을 한국교회에 시작하게 되므로 정착하게 되었다고 생각한다.

> "모든 성경은 하나님의 감동으로 된 것으로 교훈과 책망과 바르게 함과 의로 교육하기에 유익하니"(딤후3:16).

말씀이 육신이 되어오신 예수 그리스도 그 말씀이 다시 설교를 통하여 선포된 말씀으로 살아 있고 운동력이 있으며 우리를 감동하여 교훈과 책망과 바르게 함과 의로 교육하기에 유익한 것이 성경이다. 즉 성경은 하나님의 말씀으로서 살아 있고 운동력이 있으므로 좌우에 날선 어떤 검보다 예리하기 때문에 반드시 그 말씀을 사모하고 묵상하고 연구하고 가까이해야 한다.

생각의 중심이 예수 그리스도 말씀이 되어야 말과 행동에서 예수 그리스도의 빛과 소금의 교훈을 생활에 적용하는 그리스도인이 된다. 예수님께서 제자들에게 물어보셨다. 사람들이 인자(人子)를 누구라 하더냐? 사람들이 보는 관점과 베드로가 보는 관점은 여기서 달랐다. 사람들이 보는 관점은 선지자였다. 그러나 베드로는 영원한 생명을 제공해 주시는 구원자로서의 하나님 아들로 고백했다.

> "주는 그리스도시요 살아계신 하나님의 아들입니다"(마16:16).

예수 그리스도만이 우리의 구원자이시며 우리와 관계를 할 수 있는 분이라는 것이다. 모든 신들은 죽었고 말할 수 없으며 관계할 수 없는 것이다. 그러나 우리는 성경을 통해서 하나님의 말씀을 가까이 할 때, 그 예수님과 우리가 지속적으로 깊은 관계를 개인적으로 가질 수 있는 관계가 되는 것이 성경적인 교훈이다.

1517년 10월 31일 루터의 종교개혁은 서방교회가 교황을 중심으로 하는 서유럽 정치와 서방교회의 면죄부 판매와 연옥에 대한 교황권 주장과 공로 사상을 비판한 내용의 95개조 반박문을 발표하는 사건부터 시작하였다. 오직 성경의 권위와 오직 은혜와 오직 믿음을 강조함으로 부패한 교황제도 중심의 교회와 교회의 제도를 새롭게 개혁한 것이 오늘날 개신교로 형성되었다.

루터의 종교 개혁의 중심이 된 사상은 '오직 성경!'(Only the Bible!)이다. 성경으로 돌아 가야 한다. 오래된 구습이 아니요 한국식이나 미국식 문화가 아니라 성경으로 돌아가자는 것이다. 한국교회의 급성장으로 인하여 성경에 근본된 신앙인이나 사회가 아니라 잘못되기 쉬운 시즌에 이후 다시 한번 성경으로 돌아가자는 말씀운동을 오대원 선교사는 한국 예수전도단을 통해서 잔잔하게 시작했다.

종교개혁 이전에 성경을 연구하는 신학적인 권위자들을 거론하자면, 존 위클리프, 윌리엄 틴델, 사보나롤라. 웨셀 간스포트 등 언급한 신학자들이다. 이들은 이미 오직 성경을 강조한 사람들이다. 한국 교회는 이들의 성경적 사상에서 연구한 결과에 영향을 받아서 '오직 성경으로!'라는 주제로 말씀이 시작되었다고 볼 수 있다.   †

18

오순절 성령 사역을 잔잔하게 인도함

Lead quietly the Pentecostal Holy Spirit ministry in peace.

"오직 성령이 너희에게 임하시면 너희가 권능을 받고 예루살렘과 온 유대와 사마리아와 땅 끝까지 이르러 내 증인이 되리라 하시니라"(사도행전 1:8).

오대원 선교사는 미 남장로교회 선교사로 한국에 통합측 교단과 영락교회에서 학생들에게 영어 성경을 가르치는 사역을 감당했다. 그는 첫 번째 기간(term)을 마치고 안식년 차 미국에 갔다가 그곳에서 YWAM(와이엠) 단체를 만나 성령을 경험하게 되었다. 이 증거로 그는 안경을 벗게 되었으며 서울공대와 고려대학교 지역에서 대학생을 중심으로 교회를 세우고 사역하던 오 선교사가 다시 한국으로 돌아오는 길에 성령의 능력을 힘입어 새로운 사역을 시작하게 되었다.

2005년 호주 '시드니순복음교회'에서 말씀을 전하기 전에는 담임목사인 정우성 목사에게 자신(본인)을 위한 성경공부의 인도를 받았다. 그때, 오대원 선교사는 이전에 자기 생각대로(성령 받기 전에) 공부했기때문에 잘못 가르친 것이 많았다고 인도자에게 용서해 달라고 구하는 시간을 갖는 것을 보았다. 오대원 선교사는 성령을 받기 이전과 이후에 삶이 정확하게 구분된다는 사실을 알게 되었다.

1970년 이후에 성령의 바람과 한국 교회

한국 1970년 이후에 성령의 바람이 한국교회에 강타했을 때 올바른 성령운동을 위해서 함께 동역하셨던 동역자가 있다. 강원도 황지에서 예수원 책임자이신 토레이 신부이며, 당시 많은 사람이 강원도 골짜기까지 찾아가서 성령의 신성한 은혜를 체험하는 시간을 가졌는데 이분이 오대원 선교사의 개인적인 조언(mentor) 역할을 해 주었다.[43]

성령이 동행하는 사역을 진행한 목회자

또한 한국교회는 성령의 바람이 충만하게 불어올 때, 어느 시대에 어느 나라 보다 더 강력한 역사가 일어난 시기라고 생각한다. 이런 성령의 역사를 올바르게 진행하기 위해도 또한 젊은이로 하여금 잘못된 신앙과 신학에 치우치지 않고 말씀의 중심에서 도와 초대 교회 성령의 역사를 기대하고 사모하며 인도했던 지도자였다. 한국을 떠나서 디아스포라 한인 사역(Diaspora Korean ministry)을 운영할 때도 동일하게 성령의 사역을 진행했는데, 함께 동역했던 사역자가 진 다니엘 목사이다.[44]

부흥한국으로 사역하신 고형원 형제는 오대원 선교사의 성령 사역에 대해서 다음과 같이 말하고 있다.

> "찬송가 '내 영혼이 은총 입어!', '할렐루야 찬양하세!'의 후렴+할렐루야+방
> 언 찬양으로 인도하시던 오 선교사님의 모습을 인상 깊게 생각하고 있다."
> "당시 방언으로 찬양을 한다는 것은 놀라운 변화와 큰 충격을 준 우리에게
> 사건이었다. 성령 운동을 인정하지 않는 교계 상황에서 예배를 인도하면서
> 방언 찬양으로 아름답게 화답하고 전체의 모임을 하나님 보좌 앞으로 인도
> 하는 모습은 오늘도 은혜를 사모하는 살아있는 찬양 사역이었다."

부흥(Revival)에 대해 조나단 에드워드(Jonathan Edward)는 "어떤 교회가 일
반적으로 영적인 침체에 빠졌을 때, 하나님께서 성령을 부어 주심으로
하나님의 백성에게 정상적인 영적 생활을 다시 회복시켜 주는 것"이
라고 했으며, 에드윈 오르(Edwin Orr)는 "그리스도의 교회에서 또 그와
관련된 신앙 공동체에서 신약의 기독교에서 보는 성령의 역사"라 했
다. 그리고 윌리엄 스프래그(William B. Sprague)는 "성경을 아는 지식의
부흥이 진정한 부흥이다. 영원한 생명과 경건의 부흥과 실천적인 순종
의 부흥을 말하는 것이다"고 했다. 1960년대 이후 한국교회의 부흥의
주역은 성령이시다. 성령이 일할 수 있도록 만들었으며 한국교회에 성
령 안에서 성령님이 일하시는 것을 보았다.

한국교회의 성령의 역사는 권능, 능력, 역사, 기적 등 외향적인 것에
치우치게 되었다면 오대원 선교사는 성령님을 인격으로 성품의 변화
와 잔잔하게 지속적으로 영향력을 행사할 수 있는 부분을 가르쳤다.
먼저 성품을 모르고 그분이 하는 일에 대해서 평가할 때 잘못하면 나
타나는 일을 말하게 할 수 있는데 그런 부분이 아니라 지(知)정(情)의
(意)를 갖고 계신 분이시다. 성령님은 나에게 내주(來住)하시고 나와 동

행하시며 나와 친밀함을 나눌 길 원하시는 분이시다(The Holy Spirit wants to stay with me, accompany with me, share intimacy with me). 오 선교사는 그러한 성령의 주재하시는 부분을 강조하고 가르쳤다.

물론 초대 교회에 다양한 성령의 역사가 일어났고 현재도 일어나고 있으며 예수전도단 화요모임과 예수제자훈련학교에서 훈련 후 전도 여행하는 과정에서 많은 복음의 역사가 일어났지만 그래도 어떤 기적과 역사보다도 하나님의 영(靈)의 임재와 친밀함을 강조했다.

그의 사역을 통해 한국교회에 잔잔하게 퍼지는 역사

이처럼 오순절 성령의 사역은 오대원 선교사를 통해서 한국교회에 잔잔하게 전파되었다. 한편 한국교회는 언더우드 선교사를 통해서 한국교회에 장로교단 교회가 먼저 들어와서 장로교가 국제적으로 우수한 나라에 속한다. 오대원 선교사는 남장로교 선교사였기 때문에 한국교회에서 성령운동을 하는 것이 오순절 교단에 사람이 진행한 것보다 저항이 적었던 것 같다. 시대와 교단을 초월하여 하나님의 성령은 지금도 동일하게 역사하고 계신 분이다. 그러나 누가 하느냐에 따라 영향을 받는 것 같다.

예수님께서 베들레헴에 마구간에서 태어나셨기 때문에 화려하게 오실 것이라고 생각하던 유대 교인들은 천한 곳에서 태어난 예수 그리스도를 인정하지 않았던 것처럼 말이다. 예수전도단에서 진행하고 있는 예수제자훈련학교(DTS)는 성령님께서 교장 선생님이시며 선생이시라고 말한다.

"… 진리의 성령이 오시면 그가 너희를 모든 진리 가운데로 인도하시리니 그가 스스로 말하지 않고 오직 들은 것을 말하며 장래 일을 너희에게 알리시리라"(요16:13).

"보혜사 곧 아버지께서 내 이름으로 보내실 성령 그가 너희에게 모든 것을 가르치고 내가 너희에게 말한 모든 것을 생각나게 하시리라"(요14:26).

성령의 능력은 복음을 들고 세상 밖으로 …

성령을 의지하고 성령에 의하여 인도되는 학교가 되도록 기도한다. 성령이 오시면 우리를 가르쳐 주신다고 했으니 성령님이 선생님이 되어야 훈련받은 학생들이 진리 가운데로 인도함을 받을 수 있다는 것을 말하고 있다.

훈련학교를 통해서 성령의 여러 가지 일들이 일어나는데 가장 중요한 것은 자신이 누구인가를 발견하게 된다(정체성). 지금까지는 하나님께서 자신을 창조하신 목적과 형상을 상처로 말미암아 알 수 없었지만 성령이 오셔서 치유해 주시면 자신을 발견하게 된다. 즉 내적인 치유의 문제는 우리 사람이 치유할 수 없다. 성령님께서 오셔서 용서의 마음을 주시고 마음을 열며 묶은 마음 돌 같은 마음이 부드러워서 용서와 화해와 자신을 사랑하게 되는데, 이것은 성령님께서 오셔서 각자에 마음에 부드러운 마음을 주실 때 가능한 것이다. 자신을 발견하게 되고 누구인가를 알면 자녀되는 권세가(요1:12) 회복이 되어서 온 열 방에 복음을 전파(행1:8)하는 힘이 생기고 용기가 생겨서 담대하게 세상 밖으로 복음을 들고 선교한 것을 본다.

주님은 말씀하시길, 항상 말씀을 가르치시면서 제자들에게 다음과 같이 미래 사역에 대한 가능성을 열어두시고 격려해 주시곤 했다.

"… 나를 믿는 자는 내가 하는 일을 그도 할 것이요 또한 그보다 큰 일도 하리니 이는 내가 아버지께로 감이라…"(요14:12).

우리는 예수 그리스도 안에서 생각하고 기도하면 성령님께서 한국 교회 안에서 지금까지 놀라운 일을 하신 것을 볼 수 있었다. 한국 예수 전도단의 화요 찬양 예배 시에도 성령의 여러 가지 역사가 일어났다. 실패하고 기도하거나 고통이 쓰라려서 찬양하면 상처 입었던 부분이 치유를 받았다. 우리가 찬양 가운데 있을 때도 성령님이 예배 가운데 오셔서 그 일을 하신 것을 눈앞에서 경험했던 일들을 기억한다.   †

19

전도 사역

Evangelical Ministry

우리는 1983년에는 화요 찬양 예배를 드리기 전에 먼저 서울역과 명동에서 노방전도를 하고 예수님을 영접한 사람들을 데리고 함께 화요 찬양 예배에 참석을 했다. 예수전도단의 이름도 예수만 전하자였기 때문에 화요일 오후만 되면 서울 시내와 각 지부가 있는 도시들은 모두 길거리에 나가서 복음을 직접 전파하였다.

1960년-80년대까지 세계에서 유례없는 한국교회 성장사례

1960년대부터 80년대까지 한국 교회 성장은 세계에서도 유례없는 '사건'이었다. 그 성장과 부흥의 요인에는 어떤 것들이 있었나?
1960년대를 중심하여 그 이전의 부흥과는 어떤 차이가 있는가?
해방 당시의 기독교 신자가 약 35만 명으로 추산되고 있다.
이로부터 10년 후인 1955년에는 60만 명에 지나지 않았다.

1965년에는 약 120만 명으로 성장하였고,

1975년에는 약 350만 명으로 급증했다.

1960년대 이후는 매 10년마다 200퍼센트 성장하였고,

70년대 후반에는 매일 6개의 교회가 설립된 것으로 보고되었다.

1970년에는 219만 7336명으로 200만 명을 넘어섰고,

1970~78년에는 연평균 약 20만 명씩 증가하여

1978년에는 375만 8930명이 됨으로써 400만명 대에 육박했다.

〈Table-10〉 한국교회 성장사례

더욱 놀라운 것은 78년부터는 매 해(每海) 약 100만 명씩 급성장했다. 80년대 후반에 와서는 약 600만 명에서 1000만으로 급성장했다.[45] 한국 교회의 이런 부흥에는 교회마다 단체마다 부흥을 기대하는 간절한 마음과 전도에 대한 열정을 다했기 때문인 것 같다. 오대원 선교사는 사모님과 함께 화요 모임 전에 늘 전도에 함께 동참하여 현장에서 사람을 만나고 복음을 전했다.

"좋은 소식을 전하며 평화를 공포하며 복된 좋은 소식을 가져오며 구원을 공포하며 시온을 향하여 이르기를 네 하나님이 통치하신다 하는 자의 산을 넘는 발이 어찌 그리 아름다운가"(사52:7).

여름 방학의 대학생을 중심한 부산의 전도 활동

이러한 전도하는 사역들은 여름방학이며 대학생들을 중심으로 3주간 '산간 전도여행'을 했으며 우리는 강의만 듣지 않고 직접 현장에서 복음을 전하는 일을 함께했다. 예수전도단의 강점(强占)은 현장에서 복음을 전하는 것이다. 어떤 기술을 지식으로만 아는 것이 아니라 현장에서 직접 경험하는 것이다. 여름에는 팀을 강원도와 부산으로 나누어서 전도하게 되었다. 산으로 강으로 골짜기로 어디든지 팀을 나누어서 무

전여행을 하듯 하나님의 음성을 듣고 순종하는 시간이었다.

1984년 7월부터 3주간 해운대 전도여행을 시작했다. 부산 동래 식물원에서 먹고 자고 낮시간 동안 해운대 전도여행을 할 때는 300명 정도 참여해서 뜨거운 열기가 가득했으며, 저녁시간은 해운대 예식장을 랜트하여 낮시간 동안 전도할 때 반응을 보이신 분을 초대해서 전도집회를 함께 했다. 젊은이들이 또한 직장인들이 여름 휴가를 반납하고 참여하는 여름 전도여행의 열기는 참으로 대단했던 것 같다.

"우리들의 아름다운 이야기는 끝이 없다. 태백 황지(荒地)로 30여명이 전도여행을 갔을 때 일이다. 황지-광주-서울 코스로 전도여행 일정이 정해졌지만, 재정(돈)이 없어서 더 이상 진행할 수가 없었다. 우리가 황지역 시계탑에서 찬양할 때 양복 입은 한 신사가 다가왔다. 그는 "제가 원래 교회에 나가는데 요즘은 교회를 못 나간다"면서 봉투를 주었다. 열어보니 광주에서 서울까지 가고도 남을 돈이었다. 남은 돈을 교회에 헌금할 정도로 많았다. 하나님의 관대하심을 느낄 수 있는 일이었다.

예수전도단 초기, 수많은 이적과 기사

예수전도단 선교 초기에는 수많은 이적과 기사가 일어났다. 그중 '귀신이 나는 집'이 '예수로 부흥되는 집'으로 불리게 된 일을 잊을 수 없다. 전남 곡성에 10명이 전도여행을 갔을 때였다. 낮에는 가가호호(家家戸戸)를 방문해 전도하고 밤에는 교회에서 복음집회를 열었다. 그런데 마을엔 '귀신 집'이라고 불리는 집이 있었다. 우린 며칠 동안 그 집 앞을 지나갔지만 아무도 전도하지 않았다. 그 집엔 이름 모를 병을 시름시름 앓고 있는 노부부가 산다는 이야기만 들었다. 그런데 바로 그 집에서 우리에게 기도를 요청해왔다. 노부부는 서울에서 예수전도단이 왔다는 이야기를 듣고 무당을 부르기로 한 것을 취소했다고 한다. 전도여행에 동행했던 서울대 황혜경 교수가 학생들에게 "함께 가자"고 했지만 학생들은 "우린 믿음이 약해 그곳에 가기가 두렵다"며 거부했다. 잠시 후, 우리 안에 계신 성령님이 세상의 어떤 악한 세력보다 위대하다는 것을 기억해냈다.

> "너희는 하나님께 속하였고 또 그들을 이기었나니 이는 너희 안에 계신 이가 세상에 있는 자보다 크심이라"(요일4:4).

전도하는 일행은 위의 소개된 말씀을 붙들고 기도한 후 시골교회 청년들을 포함해 15명이 '귀신 집'으로 갔다. 좁은 방에 모두 앉을 수 없어 누워계신 할머니 할아버지의 주위를 둘러서서 찬양하며 기도했다. 우린 할머니 할아버지의 치유를 위해 간절히 기도했다. 20분 가량 기도했지만 아무런 일도 일어나지 않았다. 우린 다소 실망스런 마음으로 서울로 돌아왔다.

그러나 3주 후 시골교회의 젊은 전도사로부터 편지가 왔다. "기적이 일어났습니다. 할머니 할아버지가 병이 깨끗하게 나으셔서 우리 교회에 열심히 다니고 있습니다. 주님을 찬양합니다." 노(老) 부부는 그후 돌아가실 때까지 건강한 모습으로 교회에 열심히 다니셨다고 한다. 그리고 마을 사람들은 그 집을 더이상 '귀신 집'으로 부르지 않고 '예수집'으로 부르기 시작했다."[46]

예수전도단의 핵심은 '찬양 예배', '제자 훈련'과 '선교 훈련', '세계 선교'에 주력(主力)한다. 그러나 예수전도단 창립 초기엔 하나님을 찬양하고 하나님의 말씀을 공부하는 데 중점을 두었다. 그런 우리가 세상으로 나가 전도하게 된 계기가 있다.

73년 예수전도단의 여름 전도학교 시작

예수전도단은 73년 여름 전도학교를 처음 시작했다. 전도학교는 3주 동안 성경을 배우고 10일 동안 전도하러 다니는 방식이었다. 전도는 계획을 세우지 않았다. 지도를 펼쳐 들고 어디로 가는지 하나님 음성을 듣고 일치가결(一致可決)해 마음이 일치되는 곳으로 전도하러 떠났다. 당시 외국에서 원조를 받지 않는 원칙을 세웠기에 돈이 없으면 돈이 없는 대로 떠났다. 그러나 하나님께서 충분히 다 채워주시고도 여유있게 남았다.

74~79년 예수전도단은 주로 말씀, 중보기도, 찬양, 전도에 초점을 두고 사역했다. 서울대학교, 이화여자대학교, 고려대학교, 연세대학교, 중앙대학교, 수도여자사범대학교, 경희대학교, 한국외국어대학교, 숙명여자대학교 등에서의 캠퍼스 전도사역도 활발히 이뤄졌다. 캠퍼스 사역은 10명 정도의 전임 간사와 자원자들로 진행됐다. 이 무렵 직장인 전도학교도 열었다. 당시 사람들은 한 달 동안 오대원 선교사의 집에서 숙식을 해결하거나 일부는 출근하거나 해서 새벽과 밤에 공부했다. 이 모임이 커져 나중에 장소를 경기도 역곡에 있는 '새소망소년의집'으로 옮겼다.   †

20

세계 선교에 대하여!

World Mission

"또 이르시되 너희는 온 천하에 다니며 만민에게 복음을 전파하라"(마가복음 16:15).
"그러므로 너희는 가서 모든 민족을 제자로 삼아 아버지와 아들과 성령의 이름으로 세례를 베풀고"(마태복음 28:19).

가라, 열방을 제자화 하라!
오대원 선교사의 강의와 설교를 통해서 제일 많이 묻어져 나온 말씀은 '가라! 그리고 열방을 제자화 하라!'(Go! and disciplization the nation!)는 주제였다.

1984년 대학생 '예수제자훈련학교'(DTS)를 마쳤다. 선교여행 지역으로는 LA 올림픽 전도 여행에 함께 참여하기로 하고 한국정부에 여권을 신청했지만 학생 신분으로는 여권을 발급받지 못했다. 당시는 특별한 해외 주재원과 외교 공무원 중심으로만 여권이 발급되는 시절이었다.

나라가 가난하고 어려운 시기여서 그런지 여권도 받기 힘들 상황이었다. 그러나 오대원 선교사는 저희들에게 가르치실 때, 늘 선교에 대해서 도전하고 가르치며 나가야 한다고 복음을 들고 가야(GO) 한다고 하셨다. 당시에는 국제 YWAM에서 여러 팀이 한국에 들어와서 복음을 전파하며 대한민국을 김포공항에서 픽업하여 서울에서부터 시작하여 부산까지 거리와 대학교 중고등학교 등 할 수 있는 모든 곳에서 땅을 밟고 기도하며 전도하는 일을 했었다. 이때 홍콩에 FEET 팀들은 놀라운 판토마임을 가지고 언어에 불편함이 없이 사람들에게 접근할 수 있는 전도의 도구가 되었다.

현재는 우리 한국 사람들이 세계 선교에 나가서 우리 민족의 고유의 부채춤과 태권도를 도구로 하여 복음을 전하고 있는데, 태권도 도복을 입고 '품세'만 하여도 사람들이 몰리는 것을 볼 수 있다. 이런 현상은 우리 민족의 문화가 깊게 묻어져 있으므로 이런 형태를 복음의 도구로 사용하게 된 것으로 보인다. 그 당시 우리는 그들과 함께 세계를 돌면서 복음을 전파하는 사역을 하면서 언제 비행기를 타고 해외에 나갈 수 있는가 하는 꿈을 꾸는 시절이었다.

오대원 선교사와 하태식 훈련생의 대화
이런 시대적인 상황과 국가적 현실 가운데 오대원 선교사는 말씀을 전할 때마다, "가라! 열방을 향해 가라!"고 늘 도전을 주었다.[47] 그러나 저자는 이 말이 좀 우리나라의 현실과 맞지 않다고 생각했고 그래서 한번은 예배 후 찾아가서 말씀을 나누었다. "아무래도 오 선교사님께서는 미국 분이시기 때문에 우리들의 사정이나 대한민국의 사정을 모르고 현실과 다르게 말씀을 가르치고 있는 것 같습니다"라고 했다.

오대원 선교사는 "네, 하태식 형제가 맞을 수 있어요. 그러나 복음에는 장벽이 없고 어떤 것도 우리를 막을 수 없습니다. 상황과 환경을 뛰어넘어서 역사하실 것이며 복음을 전해야겠다는 소명과 비전을 갖고 계속 기도해야 합니다"라고 아주 겸손하게 내 마음의 자존심이 상하지 않게 조언(助言)해 주었다. 저자는 그때의 대화를 늘 마음에 두고 기도한 결과는 지금까지 호주 시드니라는 이국(異國)에서 복음을 전하고 있다는 현실을 인정하고 있다는 사실이다.

그렇다. 복음에는 능력이 있어서 그 시절과 지금을 비교해 보면 놀라울 만큼 우리는 성장하여 세계 선교를 감당 하고 있는 것을 볼 수 있다. 이런 결과들은 오대원 선교사가 복음을 정확하게 가르치고 행하셨기 때문이다. 현재의 나의 상황에 맞게 복음을 전하는 것이 아니라 상황과 관계없이 형편과 관계없이 말씀이 명령하면 말씀대로 따르는 것이다. 말씀을 통해서 생명력을 주셨고 말씀을 통해서 끊임 없이 비전을 제시해 주셨다

오대원 선교사는 1961년부터 한국에 오셔서 한국인을 선교하면서 한국인이 세계에 나가 선교하도록 지속적으로 도전하고 세계에 나가도록 도왔다. 그러나 선교나 모든 것에는 시기가 있는 법 88년 한국 올림픽을 시점으로 새로운 통로가 되었다고 생각한다. 그 시즌에 국제 YWAM에서 실시하는 올림픽 전도대가 한국에서 88올림픽 기간에 진행되었으며 올림픽을 통해서 한국을 세계에 알리는 기회가 되었다.

"왜 올림픽 전도인가?" 세계에서 올림픽에 참석하는 사람은 줄잡아 30만으로 잡았다. 어쩌면 일생(一生)에 한 번 찾아오는 기회일 수도 있

다, 단일 종족, 단일 언어, 단일 문화로 응집된 한국교회가 세계를 만날 수 있는 절호의 기회를 만나게 된다. 처음이며 마지막일 수가 있다는 생각으로 분명한 것은 우리 주님은 '88 올림픽 아웃리치'를 통해서 폐쇄적이고 집단적이며 기득권에 편승(便乘)하고 있는 한국교회가 세계로의 문빗장을 활짝 열어 제치고 과감하게 밀려오는 남반구 선교운동에 뛰어 들어가는 '기회'가 왔다는 바로 그런 확신이다. [올림픽]이 중요한 것이 아니라 이 [올림픽]을 사용하시겠다는 한국교회를 향한 주님의 부르심, 바로 그것이 중요한 것이었다."

그렇다 88 한국 올림픽은 스포츠 뿐만 아니라 한국교회에 대해서 세계선교의 문을 여는 타임이 되었으며 세계에 한국을 알리는 시간이 되었다(88 올림픽 아웃리치: 선교한국의 폭발의 방아쇠?).

백만 명의 자비량 선교사를 파송 목적

2020년 현재 한국 세계 선교는 "KWMA는 지난 2006년 제16차 총회에서 2020년까지 1백만 명의 자비량 선교사를 파송한다는 'MT2020 운동'(Million Tentmaker 2020 Movement)을 공식 선포했다. 당시 KWMA는 2006년을 선교사 양성 원년으로 발표했는데, 자비량 선교사 1백만 명 파송으로 세계선교의 중심국이 될 것을 다짐했다. 구체적인 지침으로 중보기도운동과 자비량 선교사 양육프로그램 및 세계적 전문인 선교협력 시스템 구축 등을 제시하기도 했다. 이어 평양대부흥 100주년이던 2007년에는 선교자원은행 설치와 선교사 발굴 및 훈련 시스템 개발 등도 연계되어 추진됐다.

당시 KWMA는 2009년 성장기를 지나 2011년에는 전 세계 3만 명의 자비량 선교사를 파송하고 2014년 선교 폭발기(시대)를 거쳐 향후 3년 간 전 세계 10만 명의 선교사가 활동하는 1만여 자비량 선교공동체의 구축을 꿈꿨다. 그리고 2020년에는 1백만 명의 자비량 선교사 파송 프로젝트가 완성되고, 이들을 기초로 선교전병 10만 명을 2030년까지 양성하는 '타깃2030'으로 전환한다는 포부를 가지고 있었다.

KWMA와 한국 선교계는 애초에 제시했던 목표를 조정하지는 않겠다 는 방침이다. KWMA 사무총장 조용중 선교사는 "지난 몇 년간의 추 세로 보면 현실화되기 어렵다는 평가를 하고 있다. 수정해야 한다는 목소리도 있었다. 그러나 100만이라는 숫자는 상징성이 있다"며 "숫자 에 대한 강조점은 물론 약해졌지만, 숫자는 아니더라도 계속해서 선교 사를 파송하자는 것에 누구도 반대하는 것은 아니기에 우리 한국교회 가 세계선교에 큰 몫을 감당하자는 결의 자체만 가지고 간다는 방침" 이라고 설명했다.

조 선교사는 "'MT 2020' 혹은 '타깃 2030'의 목표가 비단 숫자뿐 아 니다. 한국교회 선교동원과 연합훈련에 대한 자체평가나 전방개척선교 에 대한 집중 등 세부 항목들은 그대로 진행한다"며 "초고속 성장에 대한 기대는 사라졌지만, 정체현상을 경험하면서 오히려 한국교회가 질적인 선교를 감당하자는 좋은 방향을 돌아볼 수 있는 계기가 됐다 는 점은 충분히 긍정적"이라고 평가했다.[48]

10만 100만 명이라는 숫자적인 것과 그뿐 아니라 상징적으로도 한국 교회가 선교를 말할 수 있다는 것은, 먼저 한국 땅에 입국하여 뿌린 복음의 뿌리가 있었기 때문에 가능한 것이었다 오대원 선교사는 저희들에게 지속적으로 세계선교의 도전을 제시했으며(He has consistently posed the challenge of world mission), 상황과 환경을 뛰어 넘는 믿음을 가르쳤으며 (Taught faith beyond the circumstances and regions), 말씀을 말씀대로 가르쳤던 선교사였다(He was a missionary who taught words as they were told). 현재 한국 예수전도단이 선교할 수 있도록 국제 YWAM과 협력한 일이며 젊은 이들에게 쉼 없이 선교에 도전한 일이라 사료된다.

"내가 주를 의뢰하고 적군을 향해 달리며 내 하나님을 의지하고 담을 뛰어넘나이다"(시18:29).　　†

21

예수제자훈련학교

Jesus Disciple Training School

예수제자훈련 학교(DTS)

'예수제자훈련학교'를 1981년에 첫 수료식을 갖게 되었다. 예수제자훈련학교는 3가지 목표가 있다.

첫째	훈련 사역자를 준비시키는 일
둘째	구제 사역의 실제적 도움으로 하나님의 사랑을 보여 주는 사역
셋째	전도 및 선교 사역

〈tABLE-11〉 예수제자훈련학교 목적

12주 강의와 12주의 전도여행으로 진행하며 '하나님을 알고 하나님을 알리는 일'에 초점을 두며 강의 기간을 통해서는 묵상하는 방법. 하나님의 음성을 듣는 방법. 중보기도하는 방법. 영적 전쟁을 하며 하나님의 나라를 세워가는 방법. 내면 안에 잘못된 것을 말씀의 다림줄을 통하여 바르게 볼 수 있도록 내적 치유를 통해서 자신의 정체성을 하나님 안에서 찾게 하며, 하나님의 사람으로 살아가도록 돕는 일을 한다.

"그러므로 너희는 가서 모든 민족을 제자로 삼아 아버지와 아들과 성령의 이름으로 세례를 베풀고"(마28:19).

일반적인 교육과 달리 공동체를 통하여 서로서로를 협력하고 사랑하고 축복하는 방법을 배울 수 있는 실제적인 영적 훈련을 시행하는 일이다. 하나님이 우리를 왕 같은 대제사장으로 부르셨고 창조의 목적인 생육하고 번성하며 온 땅에 충만한 삶을 살아가도록 한 영혼 한 영혼을 주님 앞에서 올바로 세워져 가도록 하는 훈련을 감당해야 한다.

예수제자훈련의 목적
예수제자훈련의 목적은 예수님의 제자가 되는 것이다. 예수님께서 아침마다 새벽 미명에 한적한 곳에 가셔서 조용한 시간을 시작으로 일과를 시작했던 것처럼, 먼저 주님과 친밀함을 나눈 것이 첫 번째이다. 이후 사람을 섬기고 열 방을 섬기도록 훈련하는 과정이다.

현재는 세계적으로 잘 알려져 있는 훈련인데 어떤 이들은 말한다. 교회만 출석을 잘해도 되는데 꼭 DTS 훈련을 해야 하는가. 우리가 호주에서 오래 살았다고 해서 영어가 자동으로 되는 것은 아닌 것 같다. 무엇이든지 훈련하지 않으면 우리 몸에 체계화 되지 않는 것처럼, 예수님의 제자도 자신이 훈련하여 몸에 체계화 되어야 예수 그리스도의 제자가 될 수 있다. DTS 훈련의 강의와 공동체 생활을 통해서 배우고 알고 있는 하나님의 말씀이 삶으로 자연스럽게 흘러나오도록 하는 훈련이다. 삶과 공동체를 변화시키는 훈련이다. "세월은 사람을 성인으로 만들지 않고 노인으로 만들 뿐이다."

코나 하와이 본부를 중심으로 세계적으로 제일 많이 훈련하고 있는 것이 DTS 훈련이다. YWAM에서는 DTS, 훈련을 DNA 훈련이라고도 한다. 한국은 제주 열방대학을 중심으로 지부마다 일반 DTS와 독수리 BEDTS. 대학생 DTS를 진행하고 있으며, 짧은 기간을 활용하여 교회에서도 교회 DTS를 많이 진행하고 있다.

현재는 다양하게 진행하는 학교들이 있지만 1981년 첫 졸업생을 배출할 때만 해도 미미한 시작이었다.

예수제자훈련(DTS)은 관계 훈련

첫 번째는 개인과 하나님과의 관계를 회복 하는 훈련으로 하나님과의 친밀함 가까이 하는 삶을 배우면 친밀함이 더 해 지게 하는 훈련이다. 이 훈련을 통해서 묵상을 강조 한다. 아침 마다 일어나서 묵상을 할 뿐 아니라 묵상했던 말씀을 소가 되새김질을 다듯 반복하여 하루 종일 생각 하도록 훈련을 한다. 묵상은 다시 말하면 생각의 훈련이다. 생각을 안하고 살아가는 사람은 없다 하루에 5만 가지 생각을 한다고 한다 이처럼 우리의 사고 체계는 생각에 의해서 행동이 발생하기 때문에 묵상한 말씀을 생각하므로 성경적인 세계관과 인식론 즉 말씀이 기반이 되는 사고를 하도록 돕는 것이다. 예수제자훈련학교(DTS)가 사람들이 변화가 되고 성숙한 이유는 하나님과의 관계를 통해서 사고의 체계가 변하기 때문이다. 이런 하나님과의 관계를 통해서 처음에 창조하신 하나님의 목적을 발견하고 창조의 뜻대로 살아갈 수 있는 힘이 생기는 것이다. 세상에서 상처로 말미암아 꾸겨진 자아상이 하나님의 관계의 회복을 통하여 존귀하고 보배로운 존재라는 것을 알게 되고 자신을 사랑하게 된다.

두 번째 관계는 사람과의 관계이다. 우리의 상처는 대부분은 인간 관계에 의해서 상처를 받게 된다 즉 사람으로 인해서 상처를 받는다. 우리는 태어나서 제일먼저 대하는 사람이 부모이기 때문에 사랑도 부모님으로 받고 상처의 시작도 부모로부터 시작한다.

훈련을 통해서 사람과의 관계가 회복된다는 것은 용서한다는 것이다. 나에게 상처를 준 사람을 더이상 미워하지 않고 아무런 조건 없이 용서 한다는 것이다. 우리 안에 대화는 그들은 아직 훈련받지 않았기 때문에 사랑한다는 표현을 자기식으로 했고 아직 부모님도 사랑받지 못했기 때문에 자연스럽게 상처가 가정으로 흘러 들어와(대물림) 받게 되었다. 즉 사람과의 관계의 회복은 첫째가 부모님이다.

> "자녀들아 주 안에서 너희 부모에게 순종하라 이것이 옳으니라 네 압지와 어머니를 공경하라 이것은 약속이 있는 첫 계명이니 이로써 네가 잘되고 땅에서 장수하리라"(엡6:1-3).

우리가 잘 되고 장수하며 풍성한 삶을 누리게 되는 원리는 부모님을 잘 섬기는 것이다. 우리는 육적인 부모가 있고 영적인 부모가 있다 우리를 영적으로 인도해 주시는 목사님과 사역자들이 있다. 우리가 이분들에게 잘할 때 영육 간에 풍성한 복을 누릴 수 있는 성경의 원리원칙을 말하는 것이다.

성경의 원리원칙은 믿지 않는 분들에게도 동일하게 적용되는 것 같다. 안 믿는 자들도 부모님들에게 잘하는 것을 보면 복이 그 가정에 임한다(화목의 축복).

이처럼 사람과의 관계의 회복을 푸는 열쇠는 가정이며 부모이다. 훈련을 통해서 용서가 임하고 부드러운 마음이 임하면 용서하게 되고 용서 하면 자신이 자유롭고 더 편안해 지고 지혜가 임하여 비전과 환상과 꿈을 꾸게 되어 하나님을 더 사랑하는 것을 경험한다.

세 번째는 세상과의 관계이다. 우리는 구원받은 하나님의 백성이요 자녀이지만 이 땅에 발을 붙이고 살아가기 때문에 세상의 각종 더러운 먼지들이 옷에 묻듯(코로나19 바이러스) 우리 안에 세상에서 자연스럽게 스며드는 것이 있다. 그렇다고 해서 세상과 멀리하면서 요즘 유행하는 자연인으로만 살아갈 수 없다.

하나님은 세상을 창조하시고 생육하고 번성하고 온 땅에 충만하라는 축복을 주셨다. 그러나 현실은 그렇게 살아가도록 허락하지 않고 있다. 오히려 세상을 원망하며 저주까지 하면서 살아가는 사람이 있다. 또한 사회적으로 경제적으로 도덕적으로 윤리적으로 우리가 이해할 수 없는 부분들이 많은 것이 사실이다. 이런 세상과의 올바른 관계를 가질 때, 우리는 세상을 다스리고 정복하고 충만한 삶을 살아가는데 예수제자훈련학교(DTS)를 통해서 관계가 회복되어 세상을 이기는 힘이 발생하는 것을 느낄 수 있다.

> "무릇 하나님께로부터 난 자마다 세상을 이기느니라 세상을 이기는 승리는 이 것이니 우리의 믿음이니라"(요일5:4).

우리는 반드시 세상을 이길 수 있는 그것은 권력과 돈이 아니라 믿음이라고 말하고 있다. 훈련을 통해서 우리는 세상을 이기는 믿음을 갖게 되고 이 믿음은 점진적으로 자라나게 되기 때문에 세상을 두려워하지 않고 오히려 담대하게 세상을 향하여 나가면서 세상을 섬기는 하나님으로 사람이 된다.

네 번째는 사단과의 관계이다 영의 세계는 하나님, 천사 그리고 사탄이 있다, 우리는 믿든 믿지 않든 사탄이 존재한다는 것을 알고 있다. 우리 어릴 때는 귀신들이 많아서 밤에는 밖에 나가지도 못하는 귀신에 싸여 살았던 경험이 있다. 믿음은 들음에서 나온다고 온 나라가 귀신 스토리로 가득했다. 이런 스토리가 우리 정신세계를 지배하고 내 자신을 지배하고 점쟁이 굿거리 사머니즘과 많은 더러운 것들이 우리를 괴롭게 하고 있다. 그러나 새마을 운동으로 거리가 깨끗해지고 도로가 좋아지고 전깃불이 들어오면서 한국 사회에 귀신들과 사머니즘들은 떠나간 것 같았으나 귀신은 지금은 여전히 우리의 삶 안에 역사하고 있다.

두려움 근심 걱정 염려 이런 것들로 인하여 내려오는 우울 증. 중독 등 어떻게 하면 이런 사탄의 세력을 대적하고 이길 수 있을까. 호주 원주민 사역을 하고 계시는 김성태 선교사님은 그의 선교 보고에서 아직도 원주민들의 사회에서 귀신의 역사가 많아서 성령의 강권적인 역사가 아니면 그들이 그 귀신들로 자유게 될 수 없는 것 같다. 귀신에 붙들려서 자살도 하고 타살도 하고 이런 일들이 쉽게 일어나고 있는 것이 원주민 사회의 현실이라고 한다.

> "우리의 씨름은 혈과 육을 상대 하는 것이 아니요 통치자들과 권세들과 이 어둠의 세상 주관 자들과 하늘에 있는 악의 영들을 상대함이라"(엡6:12).

먼저는 내가 누구인지 알고 하나님의 자녀로서 권세가 있기 때문에 사탄을 대적하고 물리칠 수 있다.

"아비들아 내가 너희에게 쓰는 것은 너희가 태초부터 계신 이를 알았음이요 청년들아 내가 너희에게 쓰는 것은 너희가 악한 자를 이기었음이라(요일2:13).

우리에게는 악한 자를 이길 수 있는 힘과 능력과 권세가 주어져 있다. 사탄과의 관계는 사단을 이기는 것이다. 오늘날도 우리 삶 안에 사탄적인 요소들이 많이 예수님이 오신 이유는 사탄을 대적 하기 위해(요일서 3:8) 오셨다.

　다섯 번째는 자신과의 관계이다. 하나님이 우리를 창조 하실 때 심묘 막측하게(시편 139:13-14) 가장 보배롭고 존귀하게 창조하셨다. 그러나 우리는 우리 자신을 볼 때 하나님이 창조해 주신 모양 대로 우리 자신을 보지 않는다. 이미 나게 대해서 세상이 주는 기준이 있기 때문에 사람들이 보는 내 모습으로 내 자신을 보거나 사회가 원하는 모습으로 내 자신을 보는 것이다. 이것이 상처이다. 내 자신을 있는 모습 그대로 용서하고 받아 주시는 아버지의 마음으로 내 자신을 볼 때 내 자신을 사랑하고 인정하고 축복할 수 있다.

훈련을 통해서 이 관계만 회복이 되어도 우리는 인생의 삶의 목적과 방향이 있어 기쁨과 즐거이 이뤄질 수 있다. 우리는 한 가지 사건으로 인해 상처를 받으면 내 자신을 그때부터 사랑하고 축복하지 않고 자신을 증오하고 학대하고 저주하고 결국은 인생을 증오하는 대로 살아 간다. 그러나 나와의 관계를 회복이 되면 있는 그대로 상처받은 그대로 사랑하고 축복하고 자신을 용서할 수 있는 사람이 되기 때문에 세상이 감당할 수 없는 믿음의 사람이 되는 것이다.　　✝

22

한민족을 사랑하는 마음

Love for the Korean people

유월절 전에 예수께서 자기가 세상을 떠나 아버지께로 돌
아가실 때가 이른 줄 아시고 세상에 있는 자기 사람들을
사랑하시되 끝까지 사랑 하시니라(요한복음 13:1).

오대원 선교사는 예수 그리스도의 마음을 가지고 거의 평생 동안을
한 민족을 사랑했던 지도자였다. 다른 것보다 한 민족을 60년 동안
섬겨온 것에 대한 격려와 존경을 표한다. 사람이 사랑의 대상을 어떻
게 선택하고 결정하고 진행할 수 있을까? 사람이 자기의 길을 계획할
지라도 자기의 걸음을 인도하시는 분은 하나님이시다. 그렇다! 지금까
지 그가 행해 왔던 강의와 설교를 통해서 많은 말씀을 가르치셨다. 그
리고 현장에서 설교한 말씀대로 가르친 이론대로 삶으로 보여 준 지
도자이다. 그는 하나님의 음성을 듣고 '쉐마 이스라엘아!' 예수전도단
에게 첫 번째로 강조한 말씀이다. 즉 듣고 행하고 가르치고 가르친 대
로 행하는 지도자이다.

젊을 때부터 한 민족을 가슴에 품었다

오대원 선교사는 젊을 때부터 한 민족을 가슴에 품고 배를 타고 이억만리 태평양을 건너 대한민국이란 땅을 밟고 지금도 그 땅과 민족을 사랑하는 마음으로 섬기는 지도자이다. 한국에서 25년 동안 사역하는 동안은 남쪽만 바라 보았지만, 국가 정책에 의해 한국을 떠나 이제는 안디옥 케넥션을 통해서 남북을 동일하게 생각하고 섬기고 사랑하는 데 여념이 없는 지도자이다.

'하나의 나라' New Korea를 생각하며 비전을 제시하고 지금도 하나님의 나라의 확장과 통일과 선교가 이뤄지도록 미국을 중심으로 세계 한인 디아스포라와 한인 선교사들을 격려하고 소망을 주시면서 앞서 가는 지도자이다.

선교 현지에서 선교를 결산하고 돌아와야 함

한국은 1980년 이후부터 선교사가 본격적으로 파송되기 시작했다고 보면 된다. 이전에는 몇 분들이 선교에 도전하며 현지 사역을 했다. 이후 지금은 24.000명의 선교사가 전 세계 각 나라에서 사역을 진행하고 있다. 한국교회가 세계선교에 동참하기 시작한 선교 역사가 4, 50년이 되면서 이제는 우리는 선교사가 돌아와야 하고 현지에서 결산할 때가 되었다고 믿고 싶다. 선교했던 현지의 사역을 이양도 해야 하고 돌아와서 은퇴도 해야 할 때이다. 또한 많은 한인 선교사가 선교지에서 은퇴했다. 이것은 앞으로 미래 선교 전략적으로 내다 볼 때, 매우 잘한 일이다. 선교사 역시 사람인지라 세월이 가면 인생 사이클의 노후화를 막을 수 없으므로 일어나는 자연적인 일이다.

한 민족을 끝까지 사랑하는 마음

그에 비하여 오대원 선교사가 한국 선교지에서 물리적으로 분리가 됐지만 여전히 한 민족과 한 종족을 끝까지 사랑하는 마음과 중심으로 멀리 이국 땅 미국에서도 한반도 통일을 위해 사역하며 기도하며 섬기는 것은 큰 은혜요 축복이다. 누가 이러한 일을 오대원 선교사 만큼 감당할 수 있겠는가?

오대원 선교사가 한국에 1961년에 도착할 당시 상황과 현재는 완전히 다른 상황이다. 거기에 한 선교사가 선교대상국인 한 민족을 사랑하고 섬기며 선교한다는 것은 우리에게 어떤 의미로 다가오는가?를 생각해 본다. 즉 교회가 세워지고 하나님의 나라가 확장되는 것은 그 땅 가운데 하나님의 나라가 임하는 것을 말한다. 오대원 선교사가 한국에서 땀 흘리며 복음의 씨앗을 뿌린 선교의 결과를 원하는 대로 얻었다고 보는 것이다. 그는 한국의 선교의 씨앗을 뿌리면서 확장되는 하나님 나라에 대한 큰 그림을 그리며 그 비전을 보면서 진행해 왔는데 그에 대한 엄청난 결과를 성취하게 되었다고 감히 말할 수 있다.

한국은 지금도 보수와 진보가 극렬하게 대립이 되어있는 사회적인 상황이다. 거짓 뉴스가 많아서 뭐가 정말인지 이해가 안 되는 일도 많다. 그렇다고 선교의 결과가 잘못된 것은 아니다. 즉 선교를 통한 하나님의 나라의 열매는 다음 말씀에 근거한 것을 보여주고 있다.

> "의와 공의가 주의 보좌의 기초라 인자함과 진실함이 주 앞에 있나이다"(시 89:14).

하나님 나라의 기초-의와 공의

예수님께서도 부활하시고 승천 하시기 전 40일 동안 이 땅에 계시면서 전파하신 말씀의 제목은 하나님의 나라(The kingdom of God)였다. 오 선교사가 악한 세속성(secularity)의 선교지에 의로운 거룩성(holiness)을 세우고 그 결과를 보면서 이제 분열된 남북의 통일을 위해 기도할 수 있는 것은 저 북한에도 하나님 나라를 세우기 위한 조치이다. 우리는 선교사로 하나님의 나라가 임하도록 해야 한다. 하나님의 나라가 임하도록 하기 위해 훈련도 하고 구제도 하고 봉사도 하고 건물도 만드는 것이다.

> "하나님의 나라는 먹는 것과 마시는 것이 아니요 오직 성령 안에 있는 의와 평강과 희락이라"(롬14:17).

하나님의 나라가 임하므로 오는 결과는 의와 평강과 희락이라고 했으며 이 일의 공의의 결과는 선교를 통해서 복음을 전파했을 때 나 타므로 그 결과는 평안과 안전이라 했다.

> "공의의 열매는 화평이요 공의의 결과는 영원한 평안과 안전이라"(사 32:7).

선교의 결과를 통해서 평안과 안전을 누리는 것을 말하고 있다. CCM 가수 송정미는 그의 노래에서 "그들은 모두 주가 필요해"라고 부르짖고 있다. 그러나 선교현장에서는 주님이 없이도 그들은 별 탈 없이 살아가는 것 같아도 그들에게 소망되시고 영생의 주님되신 예수 그리스도가 없다면 무슨 소용일까를 근심해 본다.

한민족을 사랑하고 선교한 마땅한 결과

선교를 통해서 한민족을 사랑하고 한민족이 성장하여 공의와 정의가 실현되고 평안과 안전한 나라가 되는 것은 선교의 마땅한 결과이다. 한민족을 60년 동안 사랑하며 섬길 수 있었던 힘은 사랑이지만 오대원 선교사님 안에 예수 그리스도의 선교적인 마인드가 존재해 있으므로 그 일들이 가능했다고 확신하고 싶다.

1. 그들을 사랑하되 끝까지 사랑하는 마음을 지닌 순수한 지도자이다.
2. 선생과 상인과 고소인 마인드가 아니라 배우는 사람으로 상인의 마음으로 이야기 꾼으로 존재했기 때문에 한 민족을 60년 동안 사랑하고 섬겨 왔다(P 361. 미션페스펙티브).
3. 중앙 집권적인 지배 구조가 아니라 각자의 지방 자체적인 운영 방법으로 자율권을 주었다.
4. 호주로 이민온 한국인들을 생각을 보면, 1970년 80, 90년 대별로 한국에 대해 생각이 년대 별로 굳어져 있다. 오대원 선교사는 처음 60년대 한국에 온 인상과 이미지가 굳어지지 않고 지속적인 변화와 성숙된 모습으로 선교 현지의 현지인을 대했다.
5. 선교 현지인들을 어린아이로 보지 않고 청년으로 아비로 자라나도록 돕고 실제적으로 인정했기 때문에 함께 성장하고 함께 자랄 수 있는 기회가 되어서 지금까지 한민족을 섬길 수 있었던 것 같다.
6. 실수와 잘못을 용서하고 인정해 주는 지도력으로 이끌었던 지도자 였다. 그가 늘 하던 말이다. "만일 내가 잘못한 것이 있으면 그 모습을 보고 형제님은 반대로 만 하면 제일 잘하는 사람이 될 것입니다."
7. 자신을 희생하신 예수님처럼 공동체를 위해 아낌 없는 희생을 우리 한민족을 위해 60년 동안 섬기는 기회로 삼았다.   †

23

믿음의 선교에 대하여!

Mission of Faith

안디옥 국제선교 훈련원(AIIM) - 1996년

1986년 한국을 떠나면서 오대원 선교사는 안디옥 케넥션을 준비해서 해외에 한인 디아스포라를 통해 사역할 것을 준비하고 뉴욕과 LA를 중심으로 그 사역을 진행하였다, 뉴욕과 한국에서 사역하던 목회자 이동구 목사, 임삼식 목사 등이 참여했다.

오 선교사는 1994년 시애틀에 '안디옥선교훈련원'(AIIM: Antioch Institute for International Ministries)을 개원했다. 훈련원은 국제 YWAM 소속 단체로 선교 훈련, 북한 연구학교, 그리고 캠퍼스 사역에 중점을 두고 있다. 훈련원은 선교사를 훈련하는 '세계선교센터'에서 선교사와 교회 봉사자들이 재충전하는 '희년쇄신센터', 북한선교(탈북자를 위한)를 위한 '뉴코리아센터'로 구성됐다.

그리스도인이 하나님과 더 깊은 관계를 가질 수 있도록 도전하며, 그리스도인들을 훈련하여 열방을 향한 부름에 순종하며 살게 하고, 교회를 동원하여 영육 간의 잃어버린 자를 찾게 하며, 선교사와 다민족 공동체의 예배와 기도를 돕는 목적을 세우고 설립되었다.

YWAM(예수전도단)은 믿음(faith)으로 선교하는 단체

YWAM(예수전도단)은 믿음(faith)으로 선교하는 단체이다. 오대원 선교사가 예수전도단을 시작하면서 이후 1980년 국제 단체인 YWAM과 연합하면서 YWAM이 일하고 있는 정신을 동일하게 진행하는 것이었다. 가장 큰 부분이 믿음으로 살며 선교하는 것이다.

YWAM(예수전도단) 모토가 되는 것은 "하나님을 알고 하나님을 알리자!"

> "너희가 먼저 그의 나라와 그의 의를 구하라 그리하면 이 모든 것을 너희에게 더하여 주시리라"(마6:33).
> "새벽 이슬 같은 청년들이 즐거이 헌신하며"(시110:3).
> "열방을 믿음으로 취하는"(시8:2)

복음 전도의 선교 사명적인 일들은 믿음만이 가능하다. 우리가 복음을 증거할 때 세상 끝날까지 함께 하겠다(마28:20)는 각오를 가져야 한다, 바로 이런 대 사명을 감당하기 위해서는 우리에게는 돈보다 물질보다 먼저 믿음이 필요로 했다. 세상의 원리는 수입과 지출에 의해서 모든 조직과 상황이 움직이고 있지만, 먼저 그의 나라를 구하는 일은 하나님의 뜻을 구하는 일이요 하나님이 나에게 하라고 하는 일이 무엇인가를 듣고 행하는 것이다.

한국 예수전도단을 이끌며 자비량 선교 가르침

오대원 선교사는 한국 예수전도단을 이끌고 선교하면서 먼저 믿음과 자비량 선교(tentmaker, 自備糧)를 가르쳤다. 본인이 먼저 미 남장로교 선교사로 YWAM(예수전도단) 선교사가 되면서 선교 지원을 받지 않고 믿음으로 선교를 시작하고 본을 보였던 선교사이다. 그는 항상 이런 간증을 했다. "우리의 필요를 공급하시는 하나님을 믿습니다. 우리를 통해서 하신 일들을 기대합니다". 오 선교사에게는 늘 주님이 함께 하는 간증들은 이것 말고도 많이 있었다. 이러한 믿음의 정신으로 시작한 단체가 국제 YWAM이다.

'아나스다시스' 선교 구제선(a ship)

국제 YWAM은 '아나스다시스' 구제선 배(a ship)를 구입하고 수리하는데 비용이 없었지만, 마치 수많은 고기가 해변가에 널려 있어서 그냥 주워먹는 것처럼 배의 수리를 마쳤다고 간증했다.

"1978년부터 2007년까지 활동했던 아나스타시스호의 경우, 400여 명이 승선해 아프리카에 도착하면 의료진은 현지 주민들을 치료해주고, 다른 선원들은 우물을 파주거나, 공중화장실을 지어주고, 학교 건축, 어머니 교육, 농업 상담 등을 해주며 지역개발 활동 및 복음 전파에 힘썼다.

의료봉사는 구개구순열 수술을 비롯해 안면기형, 혹 제거, 다리 기형, 수술과 여성을 위한 질방광루, 치과 및 안과 진료, 말기환자 돌봄 등 15가지 분야로 진행하면서 의료선교에 '올 인'했다. 머시쉽, 아나스타시스호는 세계 최대의 NGO 의료봉사 선으로, 배 안에 모든 의료시설을 갖춘 움직이는 병원이었다. 무엇보다 '머시십'은 항해가 아니라 정박이 주목적인 배다." 한편 아타스타스의 배는 국제 ywam에서 사역하지 않고 효과적인 구제사역을 위해 독립적인 단체를 가지고 사역을 진행하고 있다.

YWAM(예수전도단)의 국제적 선교활동과 로렌 커닝 햄

YWAM(예수전도단)은 세계 180개 국가에 2만명 이상의 풀타임 선교사가 사역하고 있으며. 600개가 넘는 다양한 사역을 진행하고 있다. 이런 사역의 힘은 믿음으로 각 국가에서 헌신하는 새벽이슬 같은 청년들이 동역하기 때문에 가능한 것이었다. 물론 YWAM은 믿음의 선교를 시작으로 진행하고 있지만, 그 먼저 시작은 중국 선교의 대부였던 허드슨 테일러 선교사였다.

로렌 커닝 햄은 그의 저서, '하나님 정말 당신입니까?'에서 국제 예수전도단(YWAM)의 설립자이자 목회자, 설교자, 선교사인 로렌 커닝 햄 목사가 하나님으로부터 받은 비전을 품고 YWAM을 일으키고 성장시켜온 과정을 기록한 삶의 기록이다. 저자는 자신의 부모님과 어린 시절 가운데 역사하셨던 하나님을 보장받는 미래를 포기하고 믿음의 삶(FAITH MISSION)을 선택하도록 도전하셨던 하나님을, 여러 번의 실패와 시행착오 속에서 신실한 동역자들을 만나게 하신 하나님을, 단순한 전도와 선교에서 사회전체를 제자를 삼는 비전으로 이끄셨던 하나님을 소개한다.

'하나님 정말 당신입이니까?'는 국제적으로 예수제자훈련학교(DTS)에서 필독서로 수많은 사람이 읽고 선물도 하며 YWAM의 DNA가 담겨있는 내용들로 채워져 있다. 어떻게 믿음으로 살아갈 것인가? 하나님

의 음성을 듣고 하나님께서 하라고 하는 일을 순종할 것인가? 작은 것으로부터 순종을 통하여 하나님의 인도하심을 받는 방법으로 채워져 있다. 번쩍거린다고 다 금은 아니다. 성경은 급작스럽게 성장한 산업은 잘못될 수도 있다고 경고한다. 한탕주의, 즉 복권이 당첨되어 갑자기 부자가 되는 것을 성경을 가르치지 않고 성실하게 부지런하게 지속적으로 인내하면서 주님을 온전한 마음으로 순종하며 따라가는 것을 교훈하고 있다.

이런 상황 가운데서 밀려오는 파도를 통해 비전을 보고 새벽이슬 같은 청년들이 하나님의 나라를 위해 지속적으로 헌신하며 일어나게 될 것을 내다 보았던 것이다.

중국 선교사였던 허드슨 테일러의 선교사역의 결과

여기서 중국 선교사였던 허드슨 테일러를 소개해 본다. 테일러는 중국 옷을 입고 활동하여, 51년 동안 많은 개신교 선교사들에게 영향을 주었다. 로마 가톨릭 교사들은 중국 사람들과 같은 말과 글, 옷 등이 몸에 익었지만, 개신교 선교사들에게는 허드슨 테일러의 행동은 급진적(急進的)이었다. 1867년 8월 사랑하던 딸 나리야 그레이스가 폐렴으로 죽고, 1870년 2월에는 다섯 살 난 아들 새뮤얼을 결핵성 장염으로 잃었다. 같은 해 9월 아들 노얼이 태어난 지 20일 만에 죽었고, 그로부터 13일 후에는 아내 마저 32세의 나이로 죽었다. 그러나 그는 포기하지 않고 '중국내지선교회'를 설립한 지 30년이 지난 1895년에는 640명 이상의 선교사들이 중국을 위해 자신들의 삶을 헌신하는데 큰 영향을 주었다.

그의 헌신으로 북미, 스웨덴, 노르웨이, 덴마크, 독일, 호주, 뉴질랜드에 중국선교회 지부가 설립되고, 한때 중국에 모여든 선교사는 1천 명을 넘었다. 이런 선교의 결과는 그가 믿음으로 선교를 시작했기 때문에 가능했다고 믿는다. 그러므로 선교는 인간의 계획, 전략, 계산, 이념, 사상, 지식, 신념 등과는 무관하며, 오직 하나님의 계획과 섭리 가운데 이루어 진다는 것이다.

국제 YWAM이나 한국 예수전도단이나 동일하게 믿음의 선교를 할 수 있었던 것은 누군가 먼저 믿음의 본(a model of faith)을 보였기 때문이다. 이런 흐름을 오대원 선교사는 한국교회에 흘려보낸 결과로 나타났다. 이것을 그의 사역을 통해서 우리에게 정확하게 전달하고 있다는 사실이다. †

24

인도에서 교사로 선교하는 사역자 간증

To Mission as a teacher,
the testimony of a minister

인도에서 40년 이상 선교하면서 간증-김영자 선교사

인도에서 사역하고 계신 김영자 선교사의 간증을 국민일보에 백상현 기자와 인터뷰에서 다음과 같이 말하고 있다. 김 선교사는 오대원 선교사를 만나 복음 안에서 삶의 의미를 발견했다고 서술하고 있다.

'인도에는 76개 단체에서 파송된 847명의 한국 선교사들이 활동하고 있다. 이처럼 한국교회가 왕성하게 펼치는 인도선교는 1980년 한 독신 여성의 헌신으로 시작됐다. 27일 '인도선교사대회'에서 인도선교의 산 증인 김영자(70·사진) 선교사를 만났다.

"1963년부터 부산문화방송 아나운서로, 69년부터는 서울 문화방송에서 성우로 일했죠. 21세 때 어머니의 갑작스런 소천(召天)으로 갑자기

가장(家長)이 됐고 인생의 목적을 찾지 못하다가 하용조, 오대원 목사님을 만나 복음 안에서 삶의 의미를 발견했죠."

김 선교사는 방송선교사를 꿈꿨다. 78년 필리핀 극동방송 아나운서를 지원했지만 4년간 비자가 발급되지 않다가 나온 곳이 인도였다. 그는 80년 서울 영락교회 파송을 받고 미국 언어연수를 마친 다음 82년 인도에 첫발을 내디뎠다. 인도에서의 첫 사역은 문맹퇴치를 위한 야학(夜學)이었다.

> "32개의 야간학교를 만들었지만 견고한 카스트제도와 뼛속 깊이 박혀 있는 힌두교 문화로 동기부여가 되지 않았어요. 결국 어린 시절부터 말씀과 기도로 교육하지 않는다면 종교를 바꾼다는게 불가능하다는 생각에 85년 유치원, 고아원 사역을 시작했죠. 그러나 먹여주고 입혀주는 그것도 한계에 부닥쳤어요. 생활에선 신앙교육이 됐지만 학교에선 철저한 힌두교 교육이 진행됐기 때문이죠."

그렇게 89년 타미주 크리시나 기리에서 4세 미만의 유아 39명과 함께 학교 겸 고아원을 시작했다. 성경공부와 기도회, 예배를 드리는 학교는 20년 만에 유치원부터 12학년(고등학교 3학년)까지 1500명의 학생이 재학 중인 트리니티 학교로 성장했다. 학교는 정부지원 없이 철저하게 헌금과 수업료만으로 독자적으로 운영하고 있다. 그의 간증을 압축해서 소개해 본다.

> "오병이어와 같은 그동안의 사역을 통해 목회자 6명이 배출됐고, 선교단체에서 일하는 다수의 일꾼이 나왔습니다. 인도에는 12억 인구가 있고 하나님이 싫어하는 우상으로 채워져 있습니다. 이곳의 변화는 결국 말씀과 기도밖에 없습니다. 어떤 계산 없이 인도의 영혼 구원을 위해 자기를 내놓을 수 있는 열정적인 사람, 하나님만 의지하며 그가 부어주시는 능력으로 기적을

체험할 정직한 일꾼을 부르고 계십니다."[49]

그녀의 선교 간증은 한국 예수전도단에서 오대원 목사님과 함께 마포 하우스에서 공동생활을 하는 등 그 시절을 떠올리며 이어갔다.

"오대원 목사님과 함께 같이 사역도 했고 '마포 집 공동생활 집'에서 함께 살기도 했습니다. 81년-85년 사이 예수전도단이 힘있게 일어날 때였습니다. 그 당시는 헌신한 스텝들이 많이 배고팠고, 필요한 것이 많을 때였습니다. 스텝들은 공동 생활비도 낼 수 있는 여력이 없을 때였는데 사역을 나가서 받은 사례비와 헌금 등을 공동체 운영을 위해 다 드리는 것을 보면서 참 본이 되는 리더구나 하는 생각을 많이 했습니다. 사랑의 빚 외에도 많은 빚을 진 분입니다. 그분의 삶과 사역을 통해서 보는 것이 있어서 그런지 지금 꾸려가는 단체에서도 어려움이 생길 때, 힘든 일이 생길 때, 오 목사님께서는 어떻게 하셨지?라는 질문을 하면서 답을 찾곤 합니다. 이분은 말씀을 가르치신 선생이면서도 아비였습니다."[50] †

25
한국 선교에 기대한 일들

Expectations to mission of Korean

한국 선교에 기대한 일들을 열거해 본다

"고난을 당하고도 깨닫지 못하면 더 큰 고난이 온다는 것이 함석헌 선생의 경고이다. 한민족이 36년 동안 일제 아래서 그토록 고통을 받고도 깨닫지 못했기 때문에 다시 6·25란 불구덩이 속으로 들어가 300만 동포가 죽었다. 그러니 각자가 깨어나야 한다는 것이다. 고난을 개과천선(改過遷善)과 새 출발의 에너지로 삼은 나라론 20세기 들어 독일만한 나라가 없다. 독일은 우리와 같은 분단국가였지만 스스로 통일을 했고, 경제적 번영을 이뤄 유럽의 맹주(盟主)가 되었다. 같은 2차대전 패전국인 일본이 주변국 침략과 악행에 대해 후안무치(厚顔無恥)로 일관하는 데 반해, 독일은 나치 전범들을 최후의 1인까지 좇아 처벌하고 있다. 후쿠시마 원전 사고가 났을 때는 17개 원전 전체를 2020년까지 폐쇄하기로 결정했다. 불과 70~80년 전 히틀러에게 절대적 지지를 보낸 집단 광기의 나라였다는 것이 믿기지 않을 정도이다.

독일 교회의 신앙의 양심

독일 양심을 찾아서 거슬러 올라가면 거기엔 고백교회들이 있다. 그들은 대부분의 그리스도인 조차 "하나님이 이 시대에 새로운 구세주를 보내주셨다"며 "하일 히틀러!"를 외칠 때, 이에 저항한 신앙의 양심적인 그룹이었다. 그 가운데 디트리히 본 회퍼(Dietrich Bonhoeffer, 1906~1945)가 있었다. 그는 나치가 모든 언론마저 통제하고 유대인을 학살하고 전 세계를 전쟁의 소용돌이 속으로 몰아넣자 대법관인 매부 도나니 등과 함께 1942년 나치 전복 음모를 꾀했다. 이 계획이 발각돼 1943년 4월 5일에 본회퍼 목사는 체포되었으며, 1945년 4월 9일 새벽에 교수대에서 세상을 마쳤다. 히틀러가 자살로 생을 마감하기 3주 전이었다.[51]

본회퍼는 전사도 투사도 아니었다. 궁정 목사의 딸인 어머니와 정신과 의사였던 아버지가 꾸린 다복한 가정에서 팔 남매 중 여섯째로 태어난 그는 피아노 치는 것을 즐겼다. 21살엔 베를린대학교 신학부에서 칼 바르트로부터 "신학적 기적"이란 칭송을 받으며 박사학위를 받고, 24살에 교수가 된 천재 신학자였다. 그가 신학적 고뇌를 거듭한 끝에 내린 결론은 이랬다.

> "만일 미친 사람이 큰길로 자동차를 몰고 간다면 목사로서 나는 희생된 사람들의 장례식이나 치러 주고 그 가족을 위로하는 것으로 책임을 다했다고 할 수 있는가? 만일 그 자리에 있었다면 핸들을 빼앗았어야 옳지 않았는가?"

그가 3년간 참혹한 나치의 감옥 속에 있으면서 남긴 '옥중서간'에서 옮겨온 글이다.

"내가 고통을 당하는 것, 내가 매 맞는 것, 내가 죽는 것, 이것이 그리 심한 고통은 아니다. 나를 참으로 괴롭게 하는 것은 내가 감옥에서 고난을 당하고 있는 동안 '밖이 너무 조용하다'는 사실이다."52)

값싼 은혜의 메시지-현대 그리스도인의 심금을 울림

본 회퍼는 키르케고르의 영향으로, 1937년에 출간한 '나를 따르라!'에서 독일교회가 값싼 은혜를 나누고 있다고 비판한다. 그가 말하는 값싼 은혜는 "죄에 대한 고백이 없는 성만찬, 죄에 대한 회개 없이 용서받을 수 있다는 설교, 세례의 의미를 눈에 보이는 방법으로 설명하는 예식을 무시한 세례, 회개가 없는 면죄의 확인"이다. 성례 전을 통해서 주어지는 하나님의 은혜를 너무 값싸게 만들고 있다고 비판한 것이다. 본 회퍼가 말하는 값싼 은혜에 대해 덧붙여서 그리스도를 따름이 없는 은혜, 그리스도를 따름에 따른 고난이 없는 은혜, 성육신의 실천이 없는 은혜라고 서슴치 않고 말하고 있다. 즉 예수 그리스도의 제자로서의 삶이 없는 신앙은 싸구려 신앙에 불과하다고 결론짓고 있으며 그의 글이 그저 평안하고 행복을 추구하는 오늘을 살아가는 그리스도인들에게 가슴 깊숙이 파고드는 말씀 같은 메시지가 되고 있다.53)

한국교회가 세계 선교의 대열에 들어서고 주역의 위치를 점하게 된 것은 매우 값진 복음의 능력 때문이다. 시대에 풍요로움으로 인해 가난을 모르고 어려움을 겪어보지 않은 시대에 복음은 절대적으로 값싼 것이 될 수 없다. 다시 한번 하나님의 은혜를 감사하며 우리의 지난 풍요로움 때문에 하나님을 잊어버리고 살았던 죄를 회개하고 값있는 복음을 설파하는(preaching and evangelizing) 삶을 살아야 하겠다.

하나님은 이스라엘 백성을 선민(選民)으로 선택하여 축복하셨다. 그러나

이스라엘만 축복하기 위해서 선택한 것이 아니라, 온 열방(All nations)에 축복의 통로가 되도록 하기 위해서이다. 하나님께서 아브라함을 믿음의 조상을 삼은 것처럼 우리는 선택받은 조선(CHOIE.CHOOSE) 민족이다. 선택하시고 복을 주시고 풍요롭게 해주시는 진지한 의도(뜻)가 있다면, 그것은 한반도를 뛰어넘어 온 열방에 복음을 증거하여 축복의 통로(a channel of blessing)가 되라고 우리를 부요하게 해주신 것을 확신한다.

더 추가해 보자면, 하나님께서 한(韓)민족을 '축복의 통로'가 되라고 하시며, 우리 민족에게 60년 전에 오대원 선교사에게 복음을 들려서 한반도 이 땅에 축복의 통로로 오도록 섭리하셨다는 놀라운 일이다. 우리는 하나님의 기적을 이 책을 통하여 확인하고 있다.

오대원 선교사를 기억하며 떠올리는 감사할 조건

Sending	하나님께서 오대원 선교사를 이 세상에 **보내 주심**을 감사	보내심을 받지 아니하였으면 어찌 전파하리요 … 아름답도다 좋은 소식을 전하는 자들의 … (로마서 10:15)
Devotion	그가 선교에 헌신하며 특별히 한국을 위해 **헌신케 하심** 감사	너는 말씀을 전파하라 때를 얻든지 못 얻든지 항상 힘쓰라 범사에 … (디모데후서 4:2)
Unification	그는 남한뿐 아니라 남북한 한 민족의 **조국 통일**을 위해서 헌신하게 하셔서 감사	보라 형제가 연합하여 동거함이 어찌 그리 선하고 아름다운고(시편 133:1)
Gospel	그를 통해 한 민족을 60년 동안 **복음의 씨를 뿌려** 주셔서 감사	이방들이여 너희는 여호와의 말씀을 듣고 먼 섬에 전파하여 이르기를 …(예레미야 31:10)
YWAM Korea	그를 통해 **한국에 예수전도단**을 시작하게 하심을 감사	주의 인자하심이 내 목전에 있나이다 내가 주의 진리 중에 행하여(시편 6:3)
Expansion	국제 YWAM과 한국 YWAM이 연합해서 한국이 세계 선교로 진출하여 복음의 지경을 **확장해** 주셔서 감사	네 성벽을 건축하는 날 곧 그 날에는 지경이 넓혀질 것이라 (미가 7:11)

〈Table-12〉 오 선교사를 추억하면서 올리는 감사 조건

성경에서는 감사하라는 명령어가 176번 사용되었다. 하나님은 우리를 지으시고 찬양받으시길 원하며 그것은 곧 '감사'라는 말이다.

20세기 뇌 신경이 활발하게 발달하는 것을 연구하면서 언어 중추신경이 모든 신경계를 지배한다는 사실을 발견했다. 감사라는 말을 하면 뇌는 감사에 해당되는 자료들을 모아 마음에 기쁨이 넘치게 하고 심장 박동이 규칙적으로 뛰어 심혈관 건강에도 도움이 된다고 한다.

서양 속담에는 행복은 감사로 들어 왔다가 불평으로 나간다는 말이 있다. 불평은 불행의 씨앗이다. 안타깝게 사탄이 우리의 마음의 불행을 뿌리고 있다. 이스라엘 백성들 역시 젖과 꿀이 흐르는 가나안 땅을 앞에 두고 원망과 불평하면서 탄식하던 시대에 그들은 모두 죽었다.

종교개혁자 마틴 루터는 "마귀의 세계는 감사가 없다. 마귀는 항상 원망과 불평만 할 뿐이다. 그래서 마귀가 제일 싫어하는 것은 감사이다. 우리가 감사하고 찬양하고 기뻐하면 마귀는 한길로 왔다가 일곱 길로 물러가게 될 것이다. 1961년 한국 땅에 오신 오대원 선교사께 감사하며, 그를 우리 한국 땅에 보내 주신 하나님께 모든 영광과 찬양을 올려 드린다.   †

부록 / Appendix

부록_1. 오대원 선교사 한국 선교 60주년 기념 사역 활동

▶ 한 민족의 남북한 통일 이미지, [안디옥선교훈련원]을 통해 이루려는 그의 비전.

▶ 한 민죽 구원의 엠블런, 오대원 선교사가 추구하는 한민족 남북통일의 상징이다.

▶ 50년 전, 광주, 오대원 목사 내외분, David Earl님 함께-〈김대영 님 제공〉

▶ 오대원 선교사는 한국에 도착 후 영락교회에서 대학생 영어성경공부를 인도했다.
1961년 그와 함께했던 대학생들 아래쪽 오른쪽 4번째가 오대원 선교사이다.

▶ 대천덕 신부(오선교사의 멘토)와 오대원 선교사 일행, 오 선교사는 왼쪽 끝.

▶ 오대원 선교사와 초창기 전도팀과 함께

▶ 오대원 선교사와 화요 찬양 예배 팀

▶1979년 인천성산교회에서 부흥회
마친후 예수전도단원들과 함께한
오대원 선교사〈왼쪽 두 번째〉

▶ 예수전도단의 예배장소는 서울 연희동 외국인학교, 서울역 앞 여성절제회관을 거쳐
1977년, 명동 YWCA 회관 강당으로 옮겨 갔다. 사진은 명동 YWCA 강당에서
예수전도단 화요 모임

▶ 조이 도우슨
강의에 통역하는
오대원 선교사

▶ 오대원 선교사는 전도여행을 통해 성령의 은혜를 체험했다.
1979년 부산 지역에서 기타를 치며 찬양하고 있다.

▶ 오대원 선교사 부부는 1979년 안식년을 맞았다. 환송예배에 참석한
오 선교사 부부(가운데)

▶ 오대원 선교사 저서-묵상하는 그리스도인

▶ 이동원 목사와 우대원 선교사와 함께

▶ 오대원 선교사 부부 C채널과 인터뷰 중

CBS 방송과 인터뷰 중 오대원 선교사

▶ 1981년 예수전도단 훈련학교(DTS) 1기 졸업생들과 함께한 오대원 선교사
(뒷줄 왼쪽 두번째)

TO KNOW GOD AND TO MAKE HIM KNOWN

▶ 호주 집회에서 오대원 선교사와 함께 하태식 선교사, 호주 시드니 318 공동체 일동

부록_2. 예.수.전.도.단

예수전도단, 와이웸(YWAM: Youth with a mission)은 '로렌 커닝햄'이 창립한 개신교 계통의 기독교 선교단체이다.

예수전도단은 현재 세계에서 가장 큰 선교단체로 평가받고 있다. 전 세계에는 180개국 1,000여 지부에서 18,000여 명의 전임사역자가, 대한민국에서는 2019년 1월 기준으로 20개 지부에 700여 명의 전임 간사와 600여 명의 협력 간사, 해외에는 600여 명의 선교사가 하나님의 부르심을 좇아 자신의 삶을 세계선교에 헌신하고 있다.[1]

〈Table-13〉 예수전도단 사역 소개 목차

ⅰ. 모 토

'하나님을 알고 그를 알리자!'
(To Know God and Make Him Known)

ⅱ. 역 사

1. 국제 와이엠 예수전도단(YWAM)의 태동

1960년에 로렌 커닝햄이 하나님으로부터 청년들로 상징되는, 파도가 점점 커져서 온 땅을 뒤덮는 환상을 보고 나서, 수 많은 젊은이들이 일어나 전 세계의 각 나라로 복음을 들고 들어가게 될 Youth With a Mission을 만들었다. 그 이후로 '너희는 온 천하에 다니며 만민에게 복음을 전하라(막16:15)'는 예수님의 대위임령을 수행하기 위해 세계 각처의 서로 다른 문화와 교파에서 모인 초교파적이고 국제적인 단체가 되었다.

2. 한국 와이엠 예수전도단(YWAM)의 역사

예수전도단의 시작

1961년 미국 남장로교회 선교사로서 오대원(David E Ross)목사가 한국에 파송되었다. 1972년 예수전도단의 출발이 되는 화요기도모임을 시작하였다. 1973년에 YWAM과 관련없이 오대원 선교사가 한국에서 "예수전도단"(Jesus Evangelism Team)을 발촉하였다. 당시 국제 YWAM의 리더십인 로렌 커닝햄과 조이 도우슨은 오대원 목사에게 YWAM에 참가할 것을 권유했지만, 남장로교 선교사의 직임을 가지고 있던 오대원 선교사가 이를 거부하였다. 1979년에는 기존의 사역을 대학사역, 직장인사역, 청소년사역으로 분할한다.[1]

3. 국제 예수전도단(YWAM)과
   ## 한국 예수전도단(YWAM)의 통합

1979년 하와이에서 오대원 선교사가 안식년 중 코나의 열방대학에서 CDTS를 받으면서, 9월 28일에 예수전도단 사역을 YWAM과 연합하기로 결심하였고, 이에 따라 1979년 말에는 남장로교 선교사 직분을 사임하였다. 이후 1980년초 태국 치앙마이 봄 선교대회에서 통합이 이루어졌고, 오대원 목사가 한국 대표로 임명되었다. 정식 한국어 이름은 예수전도단으로, 영어 이름은 YWAM Korea로 사용하기로 결정되었다.[1]

4. 한국 예수전도단의 연혁

1961년 오대원 (David E Ross) 선교사 부부가 미국 남장로교 선교사
        로서 한국으로 파송되었다.
1972년 연희동 오대원 선교사 자택에서 화요기도모임을 시작하다.
1973년 화요모임을 종로주단 건물 4층으로 옮기고 국제 YWAM과
        연계해서 세미나를 개최하고 11월부터 예수전도단 이라고
        명명하다.

1979년 오대원 목사 안식년 중 임종표 목사 책임 / 대학사역(홍성건),
　　　　직장인사역(현요한, 최재선), 청소년사역(김여호수아)를 세우다.
1980년 국제 YWAM과 공식 연합 "YWAM(한국명칭:예수전도단)이
　　　　출발하다. 예수전도단 출판사를 등록하다. 임종표 목사를
　　　　선교사로 파송하다.
1981년 제1기 DTS를 서울에서 시작하다. 첫 DTS 이후 부산지부
　　　　개척하다.
1982년 광주지부개척를 최재선간사가 개척하다.
1983년 목포지부개척을 시작하다.
1984년 1월 UDTS가 처음 시작되었으며, 8월 홍천에 농장을 구입
　　　　하고 선교농장 이라는 이름으로 사역을 시작했다.
1984년 대구지부를 개척하다.
1986년 8월 홍성건 간사를 한국 예수전도단의 대표로 세우다.
1988년 9월 사단법인으로 문화공보부에 예수전도단 등록하다.
1989년 2월 간사총회에서 열방대학을 세우기로 결의하다.
1990년 첫 번째 선교사 훈련학교(SOFM)을 시작하다. King's Kids의
　　　　사역이 시작되다. Target 2000프로젝트가 시작되어 한국에서
　　　　12종족을 Target하고 각 지부가 담당하였다.
1993년 선교본부(FMK)가 정식으로 조직되다.
1996년 제주 열방대학의 첫학교/ DTS가 시작되다.
1997년 3월 울산지부 개척을 시작하다. 11월 대전사역이 지부로 승격
　　　　되다. 11월 창원지부개척팀이 사역을 시작하다.
1998년 청주지부 개척팀이 사역을 시작하다.
1999년 포항지부 개척팀이 사역을 시작하다. Target 2000을 Target
　　　　2020으로 새로이 명명하고 선교를 위하여 광범위하게 전개
　　　　하기 시작하였다.
2000년 3월 전주지부 개척팀이 사역을 시작하다. 3월 제주지부 개척이
　　　　시작되다. 8월 천안지부가 승인되다.
2001년 2월 간사총회에서 문희곤 간사를 부대표로 임명하였다.

2002년 2월 수원지부가 승인되다. 10월 군산지부 개척팀이 사역을
        시작하다.
2003년 2월 간사총회에서 문희곤 간사를 대표로 임명하였다. 간사는
        전임 790명, 협동316명이 사역하다, 선교사325명, 전국 19개
        지부에서 사역하다. 5월 인천지부 개척팀이 사역을 시작하다.
2007년 열방대학 법인을 분리하다.
2007년 한국에서 Open 2007을 개최하다.
2008년 12월 선교본부가 FMK(Frontier Mission Korea)에서
        GMK(Global Mission Korea)로 변명(變名)되었다.
2009년 원주지부 개척팀이 사역을 시작하다. 군산지부와 전주지부를
        통합하여 '전북 광역지부'를 세우다.
2010년 1월 예수전도단의 김지태 간사를 대표로 임명하였다(2009년
        하반기 NLT의 결정). 또한, 대표의 임기재(5년)를 도입하였다.
2010년 3월 YWAM 50주년 기념 행사를 하다.
2014년 8월 예수전도단의 박석건 간사를 대표로 임명하였다.
2019년 8월 예수전도단의 김명선 간사를 대표로 임명하였다.

iii. 기본 정신

1. 5가지의 기본 가치

YWAM의 정신은 2004년 2월에 공포된 5가지의 기본가치(예배, 거룩함, 기도, 증인, 교제)와 18개의 기본정신으로 구성되어 있다. "이 원리원칙들은 우리가 누구며 어떻게 살고 어떤 결정을 내리는가에 있어 우리의 독특한 성격이 되며 예수전도단의 'DNA'로서 우리의 근본 신념이 된다"고 선언한다. 2010년에는 16항이 '관계중심적인 후원에 의지한다(Rely on relationship-based suport)'에서 '재정공급은 하나님께 의지하는 삶을 산다(Practice a life of dependence upon God for financial provision)'로 수정하였다.

2. 18개의 기본정신

1) 하나님을 안다.
2) 하나님을 알린다.
3) 하나님의 음성을 듣는다.
4) 예배와 중보기도를 한다.
5) 비전을 갖는다.
6) 청년들을 지지하고 후원한다.
7) 광범위하며 분산된 조직을 갖는다.
8) 국제적이며 초교파적이다.
9) 성경적 세계관을 갖는다.
10) 팀으로 사역한다.
11) 섬기는 지도력을 발휘한다.
12) 먼저 행하고 가르친다.
13) 관계중심을 지향한다.
14) 개인의 가치를 존중한다.
15) 가정을 소중히 여긴다.
16) 재정공급은 하나님께 의지하는 삶을 산다.
17) 손님 대접하기를 힘쓴다.
18) 정직하고 투명한 의사 소통을 한다.

iv. 목적 선언문

예수전도단(YWAM, Korea)은 개인의 삶을 통해 이 세대에 예수님을 나타내고, 이러한 대업에 가능한 많은 사람들이 동참 하도록 동원하며, 그리스도인들이 주님이 명하신 대사명(the Great Commission)을 완수할 수 있도록 교육시키고 준비시키는 초교파적이고 국제적인 크리스챤 운동이다. 하나님 나라의 시민으로서 우리는 하나님을 사랑하고 예배하며 순종할 뿐만 아니라 주님의 몸된 교회를 사랑하고 섬기며 세계 모든 사람에게 온전한 복음을 전하기 위해 부름 받았다.

우리 예수전도단(YWAM, Korea)은 다음의 사실들을 진리로 믿는다:
예수님이 하나님의 아들 되심을 나타내는 성경은 하나님의 감동과 권위로 이뤄
진 말씀이다. 인간은 하나님의 형상을 따라 지음 받았다. 인간은 예수 그리스도
를 통해 영생을 얻도록 창조되었다. 비록 모든 인간은 범죄 하여 하나님의 영광
에 미치지 못하지만 하나님께서는 예수 그리스도의 십자가 죽음과 부활을 통해
우리의 구원을 가능하게 하셨다. 회개와 믿음, 사랑과 순종은 하나님께서 우리
에게 보여주신 은혜에 대한 올바른 반응이다. 하나님은 모든 사람이 구원 받아
진리를 알기 원하신다. 성령의 능력은 마가복음 16장 15절 말씀, "너희는 온
천하에 다니며 만민에게 복음을 전파하라"는 예수님의 마지막 명령을 완성하기
위해 우리 안에서 그리고 우리를 통해서 나타난다.

v. 사역

예수전도단의 사역은 크게 지부 사역/대학생 사역/청소년 사역/열방대학 등으로
나누어 볼 수 있다. 본 단락에서는 한국 예수전도단의 사역을 중심으로 서술한
다.

1. 지부 사역

지부는 지역마다 의 영적 흐름을 책임지고 현재 대한민국에는 20개 지역에 지
부-서울, 고양, 인천, 수원, 천안(아산), 청주, 대전, 부산, 대구, 울산, 포항, 창
원, 진주, 광주, 전북광역(전주, 군산), 목포, 홍천, 춘천, 원주, 제주-가 설립되어
있다.

지부마다 예배와 중보기도, 지역 변혁과 선교 동원을 일으키는 화요모임을 중심
으로 교회를 섬기고 지역에 중보기도사역과 세미나 등을 개최하며 지역의 특성

을 살려 해당 지역의 그리스도인들이 훈련받고 사역과 선교 현장으로 연결되도록 돕고 있으며 후원회(아굴라, 브리스길라) 등의 모임을 통해 간접적으로 예수전도단과 관계될 수 있는 장을 열어가고 있다.

2. 대학 사역

예수전도단 대학사역(Campus Ministry)[2]은 1961년 8월 선교사로 온 David E. Ross(오대원)목사를 통해 1967년 서울공대 기독학생회 사역으로 시작되었다. 대학생들의 민주화 운동속에서 오히려 말씀으로 돌아가 성령으로 새롭게 되어 그 뜨거운 열정을 주께 돌이키면 좋겠다는 비전을 품었던 오대원 목사님은 성령세례를 경험한 후에 한국에서 다시 성령으로 사역하기 시작하였고, 이것이 화요모임의 시초가 되었다.

이후 대학사역은 성경공부와 전도학교, 화요모임등을 통해 사역이 확장되었다. 1980년 예수전도단의 사역이 각 계층별(청소년, 직장, 대학생 등)로 나뉘면서 대학사역도 본격화 되었고 1984년 첫 번째 대학생 제자훈련학교가 종로 '공동생활집'에서 시작하게 되었고, 2000년대 부흥한국을 통해 예수전도단 대학사역도 폭발적 성장을 보였다. 이 시기에 대학사역 리더들의 금식기도를 통해 대학사역이 어떻게 섬길 수 있을까 하나님의 뜻을 구하는 시간을 가졌고, 이때 선포되었던 비전이 vision8700이다. 이 비전은 그 당시 세계 주요 대학 8700개에 예수전도단의 깃발을 꽂아 열방을 섬기는 주의 젊은이들을 일으키자는 것에 그 목표가 있었고 MC로 이름을 바꾼 전도학교에서 비전이 선포되었다. 이 비전을 통해 인도, 태국 등의 대학사역이 개척되었다.

10년이 지난 2011년 대학사역은 31주년을 맞이하였다. 10년이 지난 지금 우리의 열매를 다시 돌아보며 비전을 새롭게 하는 시간을 가졌다. 대학사역자 모임을 통해 이 비전 8700을 Beyond8700이라는 캐치프레이즈로 다시 선포되었다. 2011년 현재 20,000개가 넘는 세계 주요대학으로 나아가자는, 10년전의 비전을 새 그릇에 담은 것이 바로 beyond 8700이다.

2008년 현재 서울, 수원, 부산, 광주, 춘천, 대구, 대전, 전주, 익산, 군산, 원주, 천안아산, 청주, 목포, 포항, 창원, 제주를 비롯한 각 중요도시 안에 있는 170여개의 캠퍼스에서 예수전도단 대학사역이 활동하고 있다. 또한 대학생을 대상으로 하는 예수제자훈련학교(UDTS)가 9개 지역에서 이루어지고 있다.

2011년 현재 서울, 수원, 부산, 광주, 춘천, 대구, 대전, 전북광역지역(전주, 익산, 군산의 메가 베이스), 원주, 천안아산, 청주, 목포, 제주에서 약 150개 캠퍼스에서 예수전도단 대학사역이 동아리 등의 다양한 형태로 활동하고 있으며 창원, 포항, 인천이 대학사역을 개척중에 있다.

3. 예수전도단 한국 대학사역 캠퍼스 현황

2019년 현재 예수전도단 한국대학사역 캠퍼스 개척 현황은 다음과 같다.

  1) 서울 지역 : 가천대학교, 서울과학기술대학교(서울과기대), 연세대학교 국제캠퍼스, 감리교신학대학교(감신대), 서울대학교, 이화여자대학교(이화여대), 건국대학교, 서울시립대학교, 장로회신학대학교(장신대), 경희대학교, 서울신학대학교, 중앙대학교 흑석캠퍼스(중대흑석), 고려대학교, 서울여자대학교(서울여대), 총신대학교, 국민대학교, 성결대학교, 추계예술대학교(추계여대), 단국대학교, 성신여자대학교(성신여대), 케이씨대학교(KCU / 구_그리스도대학교), 대진대학교, 세종대학교, 한국외국어대학교 이문캠퍼스(외대 이문), 덕성여자대학교(덕성여대), 숙명여자대학교(숙명여대), 한국외국어대학교 글로벌캠퍼스(외대 용인), 동국대학교, 숭실대학교, 한양대학교/한양여자대학교(한영여대), 동덕여자대학교(동덕여대), 아세아연합신학대학교(ACTS), 서울한영대학교(구_한영신대), 서강대학교, 안양대학교, 홍익대학교, 서경대학교, 연세대학교 신촌캠퍼스.

  2) 인천 지역 : 인하대학교, 인천 글로벌 캠퍼스(IGC), 인천대학교.

3) 수원 지역 : 강남대학교, 아주대학교, 경기대학교, 한세대학교, 경희대학교, 수원대학교.

3) 춘천 지역 : 강원대학교 춘천캠퍼스, 한림대학교.

4) 대전 지역 : 충남대학교, 배재대학교, 목원대학교, 한밭대학교, 침례신학대학교(침신대), 중보대학교, 한남대학교.

5) 천안 지역 : 백석대학교, 단국대학교 천안캠퍼스, 상명대학교, 나사렛대학교, 평택대학교, 남서울대학교, 한국기술교육대학교, 호서대학교 아산캠퍼스, 호서대대학교 천안캠퍼스, 순천향대학교,

6) 청주 충주 세종 지역 : 건국대학교, 글로벌캠퍼스, 우석대학교(진천캠퍼스), 한국교원대학교, 고려대학교, 세종캠퍼스, 청주교육대학교, 한국교통대학교 증평캠퍼스, 극동대학교, 청주대학교, 홍익대학교, 세종캠퍼스, 서원대학교, 충북대학교.

7) 부산 지역 : 경성대학교, 동의대학교, 부산외국어대학교, 고신대학교, 부경대학교, 신라대학교, 동명대학교, 부산가톨릭대학교, 영산대학교, 동서대학교, 부산교육대학교, 인제대학교, 동아대학교(승학), 부산대학교, 한국해양대학교, 동아대학교(부민), 경남정보대학.

8) 대구 지역 : 경북대학교 대구캠퍼스, 대구대학교, 계명대학교, 영남대학교, 대구가톨릭대학교, 영남신학대학교(영남신대).

9) 울산 지역 : 울산대학교.

10) 진주 지역 : 경남과학기술대학교, 진주교육대학교, 경상대학교, 진부보건대학교, 연암공업대학교, 한국국제대학교

11) 포항 지역 : 한동대학교

12) 광주 지역 : 광신대학교, 조선대학교, 동강대학교, 호남대학교, 전남대학교, 호남신학대학교

13) 전북 지역 : 군산대학교, 전북대학교, 예수대학교, 전주대학교, 우석대학교, 한일장신대학교, 원광대학교, 호원대학교

14) 목포 지역 : 목포대학교, 세한대학교

15) 제주 지역 : 제주대학교 아라캠퍼스, 제주관광대학교, 제주한라대학교

4. 청소년 사역

청소년 사역(Youth Ministry)은 만 7세에서 18세까지를 대상으로 하여 그들을 열방의 지도자로 자라게 하는데 그 목적이 있다. 이렇게 하기 위해 세대를 동원하고 훈련시키는데 목표를 두고 사역하고 있다.

가정과 지역 교회와 연합하여 어린이와 청소년들을 하나님의 나라를 위해 실제적인 방법으로 훈련하고 제자화하여 미래의 지도자로 자라게 하고 선교하도록 돕는 사역으로서 한국에서는 1979년에 시작하여 1991년 정식'예수전도단 청소년사역'으로 부르게 되었다.

마태복음 18장과 시편 8장 2절 말씀을 바탕으로 1) 세계선교 2)치유와 회복 3)가정사역 4)사역자 훈련 의 사역을 하고 있다.

5. 찬양 사역

화요모임 : 서울을 중심으로 14개 곳에서 하고 있다. 서울지역사역의 찬양사역

을 중심으로 현재까지 5개의 음반을 내놓았다.

캠퍼스 워십 : 한국 대학사역 찬양팀이 인도하는 예배이다.이전에는 금요모임이라는 이름으로 활동했다 현재의 이름으로 변경되었다. 현재까지 10개의 음반을 내놓았다.

6. 열방대학

이 부분의 본문은 열방대학이다.

열방대학은 110개국 280여개의 지역에서 과정이 진행되고 있는 국제적인 기독교 대학으로, YWAM의 사역 중 하나이다.

열방대학은 학생들을 영적, 문화적, 지적, 전문적으로 준비시키고, 하나님께서 주신 은사를 전 세계에 가서 복음을 전하는데 사용하도록 도전을 줌으로써, '기독교적 대사명'(The Great Commission)을 완수하는 일에 그 목적이 있다. 총 7개의 단과대학이 있으며, 대한민국에는 주요 캠퍼스 중 하나인 제주에 열방대학 캠퍼스가 사역하고 있다.

7. 도서출판 예수전도단

예수전도단(YWAM)의 문서 선교 분야이다. 개신교 서적 및 예수전도단의 음반들을 출판(간)하며, 80년대 후반 대학생과 직장인을 양육하고 전도하는 사역을 돕기 위해 시작하였다. 사무실은 서울시 마포구 합정동에 있다.[3]

8. 외국인 사역

2006년 인천에서 시작되었다. 예수전도단이 지난 수 십년에 걸쳐 뿌리내린 대학사역, 청소년사역, 각종 훈련사역 등 기존 사역들과의 협력과 전국 18개 지부와의 연계 및 파송 선교사들과의 협력을 통해 시너지를 낼 수 있다는 점을 차별화된 장점으로 보고 시작하게 되었고 한국 안에서의 선교적 상황의 변화(거주

외국인 인구의 급증 등)에 대해 능동적으로 적절히 반응하는 것 자체가 또 하나의 세계선교임을 주목한 것이 주요한 동기가 되었다.

'나그네를 향한 하나님의 마음'을 한국의 기독교인들을 통해 이 땅에 머무는 외국인 및 이민자에게 복음이 전해지도록 하는 것을 목적으로 하고 있다. 또한 한국에 체류하는 동안 예수를 영접하고 양육 받아, 본국에 돌아갈 때 그들을 통해 그들의 고향에 복음이 전해지도록 도모하고 있다.

사역의 대상은 크게 유학생, 다문화가정, 근로자로 분류하며 패스트푸드점, 캠퍼스, 공장기숙사, 가정방문, SNS 등을 만남의 장소로 사용하고 있다. 지역 교회나 사회복지기관과의 지속적인 연계가 이루어지고 있고 협력이 점차 확대되고 있다.

인천지부에서 시작되었던 사역은 2007년 4월에 단위사역으로 승인받았고 2011년 3월에는 본부로 사역 전체가 이동하여 서울과 인천에서 사역하고 있다. 광주지부는 2008년에 외국인사역이 단위사역으로서 선교부의 역할을 병행하며 시작되었다. 대구지부는 2011년 4월에 단위 사역으로 승인받고 몽골 가정, 계명대 등 캠퍼스 그리고 지역 내의 타 기관과의 협력을 통한 사역을 진행하고 있다. 수원지부에서 2011년 하반기 부터 경희대 국제캠퍼스의 유학생들과 경기 남부지역 근로자들을 만나면서 시작되었고, 2011년 11월 현재 전북광역지부에서도 담당자가 정해지고 사역이 시작되고 있다.

9. 미디어 사역

2004년 예수전도단(YWAM)안에 서울 미디어팀과 대학사역 미디어팀으로 시작하였다. 각각 화요모임과 캠퍼스워십을 섬기며 각종 콘텐츠(중계, DVD, 홍보영상, 디자인, 웹에디팅 등)를 제작하다가 2007년 두 팀을 합쳐 하나의 단일사역으로 승인되었다. 하지만 지금은 미디어팀 안에서의 여러가지 사정으로 명확한 미디어사역은 존재하지 않는다.

10. 음반과 CCM

대한민국의 예수전도단의 이름으로 출시된 음반과 이후 예수전도단의 각 사역에서 출시한 음반 레이블은 다음과 같다.

예수전도단과 CCM
1집 해 뜨는 데부터 (1981)
2집 보라 하나님은 (1984?)
3집 때가 차매 (1985)
4집 박종호, 최인혁 찬양 모음 (1986)
5집 우리는 주의 백성이오니
6집 비전
7집 지성소 (1995)
8집 부흥 (1997) (고형원이 주요 프로듀싱)
9집 부흥 2000 (1999) (상동)
10집 거룩한 성전 (2000) (손해석이 기획)

예수전도단 화요모임과 CCM
1집 여호와여 일어나소서 (2000)
2집 성령의 바람 (2001)
3집 열방을 자유케 하라 (2003)
4집 주 얼굴 보이소서 (2004)
5집 신실한 주 사랑 (2012)
6집 처음과 나중 (2017)
예수전도단 CCM
1집 향기 (1999)
2집 The way (2000)
3집 Changer (2002)
4집 친밀감 (2003)

예수전도단 Praise Leader
Vol.1 이천
Vol.2 박영진 - His kingdom reigns
Vol.3 윤주형 - Wait for the Lord

예수전도단 캠퍼스 워십
1집 일어나라 빛을 발하라 (2003)
2집 돌아서지 않으리 (2004)
3집 영광의 이름 예수 (2005)
4집 Winning All (2006)
Campus worship Christmas (2006)
디지털 싱글 (2007)
5집 Wonderful Love & Miracle (2007)
프로젝트 싱글 내가 닮고 싶은 예수 (2008)
6집 With me (2008)
프로젝트 앨범 Art of Worship (2009)
7집 His Kingdom Come (2010)
Campus worship Christmas 2010 Beautiful Saviour (2010)
Campus worship with Hillsong 2012 Global Project (2012)

11. 주요 개념-(YWAM DTS)

예수전도단의 Discipleship Training School(YWAM DTS)에서는 아래와 같은 주제들을 다루고 있다.
하나님의 음성 듣는 삶
묵상
예배
하나님을 경외하는 마음
하나님의 아버지마음

중보기도

내적 치유

성령하나님

권리포기

충성과 위탁

제자도

재정에 대한 공급

12. 영적 전쟁

이 부분의 본문은 영적 전쟁이다.

국제 와이웸의 주요 리더중 하나였던 존 도우슨의 저서인 하나님을 위하여 도시를 점령하라는 도시에서 어떻게 영적 전쟁을 할 것인지를 가르치고 있다.

또한 예수전도단에서는 세계를 4000여 개의 오메가 존(Omega zone)으로 나누어 각 존 마다의 영적 필요를 추적하는 프로그램인 4K를 운영하고 있다.[4]

외부 링크

국제 예수전도단 공식 홈페이지(영어)

한국 예수전도단(YWAM KOREA)

예수전도단 한국대학사역

도서출판 예수전도단

한국 예수전도단 광주지부

한국 예수전도단 대구지부

한국 예수전도단 부산지부

한국 예수전도단 청주지부

한국 예수전도단 포항지부

예수전도단 수원지부

한국 예수전도단 천안지부

vi. 참고 자료

1. 〈예수전도단 연혁〉, 《MC Q&A Magazine》2호, 2006. 6. 26.
   pp.5~8.
2. 예수전도단 한국대학사역
3. 도서출판 예수전도단
   "세계의 영적 필요와 물질적 필요, 인종 분포가 있는 웹지도 자료".
4. 2011년 11월 30일에 원본 문서에서 보존된 문서.
   2011년 11월 18일에 확인함.

*[네이버지식백과-위키백과 제공] 이상의 원본은 네이버 지식백과에 수록된 예수전도단에 대한 자료를 편집 디자인하여 본서의 부록에 올린다.

부록_3. 예.수.전.도.단 선교본부
Global Mission Korea(GMK)

한국 예수전도단

예수전도단은 국제 YWAM의 한국 명칭이다. 1960년 미국 남장로회에서 한국에 선교사로 파송된 오대원(David E. Ross) 목사에 의해 창립되었다. 대학생 성경공부 그룹을 주축으로 하여 1973년 말에 선교단체로 설립되었고, 1980년에 국제 YWAM과 연합되면서 YWAM KOREA로 활동하게 되었다. 1988년 9월 '사단법인'으로 등록되었고 현재 한국 내 26개 지역에서 700여명의 전임간사들과 500여명의 협력 간사, 580여명의 파송선교사들이 함께 사역하고 있다.

비전

예수전도단 선교본부는 예수전도단의 비전인 요한계시록 7장 9-10절과 마가복음 16장 15절 말씀처럼, 주님이 오실 때까지 모든 나라와 도시, 족속에 복음을 전파하여 토착화된 교회를 세우고 열방을 제자화 하는 비전을 성취하도록 돕는다.

활동

예수전도단의 26개의 지부(지부개척팀 포함), 6개의 National Ministry와 열방 대학 안에 지속적이고 자발적인 선교운동이 일어나도록 섬기며, 헌신자들이 다양한 통로로 선교현장에서 일할 수 있도록 돕고 있다.

조직

1. 선교사 관리 행정실

선교사 파송과 후원관리 등의 선교사 관련 제반 인사 행정업무와 선교사 복지, 멤버 케어 등의 선교사 섬김업무를 담당한다.

2. 선교 훈련원

'무슬림을 위한 30일 기도', '힌두를 위한 15일 기도', 'NEW KOREA를 위한 중보기도'와 같은 중보기도 운동과 함께 미션익스포저(ME), 세계선교관학교(MP), 기타 선교세미나 등을 통한 선교동원훈련 사역을 한다. 또한 신임선교사 훈련(MOT: Missionary Orientation)과 선교사 재교육 등 선교사들을 훈련하고 재교육하는 사역을 한다.

3. 선교 연구 개발원

예수전도단과 한국교회의 선교사역을 활성화시키기 위하여 전략적으로 필요한 분야들을 연구하고 개발하는 작업을 한다. 이를 통하여 현장의 선교사역이 더욱 전문화 되고 활성화 될 수 있도록 측면에서 지원하는 R&D센터 역할을 감당한다. 현재 영역선교와 개척선교를 비롯하여 네트워크선교를 개발하고자 한다.

미주 / End note

미주

1) 시애틀-김브라이언 기자/seattle@chdaily.com
2) 호주 크리스천 리뷰 2015년 4월 호 편집
3) 국민일보 인터뷰 [원본링크] - http://news.kmib.co.kr/article/view.asp?
   acrid=0003883662
4) 홍장희, 미국 남장로교 선교사의 호남지역 교회개척선교전략에 관한 연구,
   풀러신학대학원, 2017,
   p.48.
5) 안디옥 국제선교훈련원 홈페이지 www.ywam-aiim.org
6) [원본링크]
   - http://news.kmib.co.kr/article/view.asp?arcid=0003883662
7) [출처] 예수전도단, 오대원목사| 작성자 샘물.
8) Youth With A Mission을 약자로 YWAM으로 표기함
9) 오대원, 묵상하는 그리스도인, 서울: 예수전도단, 2005 서문에서.
10) 크리스천 리뷰 2015년 5월호 인터뷰.
11) 서울공대교회 건축과 믿음의 아버지와 어머니(이종웅 목사님의 간증)
    https://m.blog.naver.com/PostView.nhn?
    blogId=johneye&logNo=220639128453&proxyReferer=https:
    %2F%2Fwww.google.com%2F
12) 오대원, 묵상 하는 그리스도인, 양혜정 옮김, 예수전도단, pp.177-179.
13) Youth with a mission-1960년 로렌 커닝 햄으로부터 시작하여 현재에
    이르고 있으며, 현재 190개국가에 2.500베이스를 두고 사역하고. 전도.
    구제. 훈련에 사역을 중심으로 복음을 전파하는 사역을 감당하고 있다.
14) 조갑제 닷 컴에서/리버티헤럴드(http://libertyherald.co.kr/) 김성욱.
15) 송두율 칼럼-한인 디아스포라. 경향신문 2019년06.17
    http://news.khan.co.kr/kh_news/khan_art_view.html?art_id=
    201906172049005

16) 방효원 선교사와 산동선교- 세계선교 연구원 제공.
　　https://pctscwm.tistory.com/285

17) 레일 앤더슨, 목적이 이끄는 리더십, 전의우 옮김. 서울: 브니엘, 2005,
　　pp.13-15.

18) 오대원, 묵상하는 그리스도인, 서울: 예수전도단, 2005, pp.16-20.

19) 죠지밀러(George Muller, 1805-1898) 영국 고아의 아버지요 5만번의 기도
　　의 응답을 받음.

20) 윌리엄 캐리(William Carrey 1761년 8월 17일~1834년 6월 9일)는 인도에
　　서 활동한 영국 침례교 선교사이며 번역가, 사회개혁가, 그리고 문화인류학
　　자이다. 개신교 현대선교의 아버지로 불린다. 1793년 인도 선교사로 자원하
　　여 파송되었으나, 선교사의 입국을 꺼리는 동인도회사와의 갈등으로 덴마크
　　영인 세람푸르에서 활동해야 했다. 1810년 세람푸르대학교(The Sera pore
　　College) 설립, 1834년 세람푸르에서 별세

21) 애도람 저드슨 애도니럼 저드슨(Adoniram Judson, 1788년 8월 9일 ~
　　1850년 4월 12일)은 미국 최초의 해외 파송 침례교 선교사이다. 1812년 2
　　월 5일 아내 난시와 함께 미국 조합교회 소속의 인도선교사로 임명받고 인
　　도 콜카타에 입국하였으나, 동인도회사와의 갈등으로 선교활동을 중단해야
　　했다. 이때 저드슨은 윌리엄 캐리의 영향으로 침례교로 교파를 옮긴다.
　　1813년 당시 선교사가 없던 지역인 미얀마 양곤에 입국하여 카렌족을 대상
　　으로 전도함.

22) 하태식, 묵상과 함께 떠나는 여정, 서울: 리빙터치, 2019, pp.93-95.

23) 고형원 형제는 '부흥한국선교단'을 인도하며 오랫동안 한국 예수전도단에서
　　찬양 인도자로 그리고 ccm 곡을 작사 작곡하여 예배와 찬양으로 한국 교회
　　에 선한 영향력을 행한 사역자이다. 이번 인터뷰에서는 박신숙 자매가 인터
　　뷰 한 내용을 사용하도록 허락하셔서 감사함을 전하면서 이 자료를 올린다.

24) 홍성건, 예수전도단, 1999, pp.116-117.

25) 이나모리 가즈오 교세라 창업자.

26) 벤자민 프랭클린(Benjamin Franklin, 1706년 1월 17일 ~ 1790년 4월 17
　　일)은 미국 "건국의 아버지"(Founding Fathers) 중 한 명이자 미국의 초대
　　정치인 중 한명이다. 그는 특별한 공적 지위에 오르지 않았지만, 프랑스 군
　　(軍)과 동맹에서 중요한 역할을 했고, 미국 독립에서 중추적 역할을 했다. 그

는 계몽사상가 중 한명으로서, 유럽 과학자들에게 영향을 받았으며 피뢰침, 다 초점 렌즈 등을 발명하였다. 달러화 인물 중 대통령이 아닌 인물은 알렉산더 해밀턴(10달러)과, 벤자민 프랭클린(100달러) 두 명뿐이다.

27) 출처: https://blog.claztec.net/2460780 [claztec's page]

28) 헤드슨 테일러(James Hudson Taylor-1832- 영국의 반슬리에서 태어나 중국선교회(Chinese Evangel Iization) CIM(China Inland Mission) 현재의 OMF(Overseas Missionary Fellowship) 중국 선교의 아버지라고 부르고 있다.

29) 추길호 형제, 전 예수전도단 찬양인도자. 현 True Worshipers12 대표.

30) 위의 동일한 책 p33.

31) 탐 마샬, 지도력이란 무엇인가, 이상미 옮김, 서울: 예수전도단, 1989, pp.94-95.

32) 유주석 하나엘 커뮤니티 대표.

33) 이광임 사모는 대학생 때부터 예수전도단에서 훈련을 받았으며 모빌팀을 이끌며 사역을 했으며 현재는 중보기도자로. 그리스도인의 중보기도 저자, 중보기도 강사.

34) http://love.holt.or.kr/about/hol 설립자 해리 홀트 씨는 전쟁으로 인해 고통 속에 있는 한국 고아 여덟 명을 입양한 것을 시작으로 아이들을 위해 부인 버다 여사와 함께 평생을 헌신했습니다. 아이들이 지낼 곳을 마련하기 위해 모든 재산을 바쳐 직접 산을 개간한 그는 삶의 마지막 순간까지 아이들을 돌보다 그들이 손수 일군 홀트복지타운에 묻혔다.
홀트아동복지회는 '사랑을 행동으로' 보여준 설립자 해리 홀트 씨의 정신을 이어받아 아동·청소년, 미혼한 부모와 장애인, 지역사회와 다문화가정 등 우리 사회 소외된 이웃을 지원하는 전문적인 복지 서비스를 펼치고 있으며 더 나아가 해외 빈곤아동 권리 향상을 위해 노력하고 있다.

35) https://www.bbc.com/korean/features-53146758

36) 이동희 (dong423@newsmission.com)ㅣ등록일 2011-08-05 20:26:35

37) Todd Johnson & Others, Christianity in its Global Context, 1970-2020: Society, Religion, and Mission (MA: Center for the Study of Global Christianity, 2013), pp..6, 12.

38) Todd Johnson & Others, Christianity in its Global Context,

1970-2020, pp.14 & 7.

39) 정리: 이지현 기자, jeehl@kmib.co.kr [출처] 예수전도단, 오대원목사l 작성자 샘물.

40) 이광임, 그리스도인의 중보기도 저자, 중보기도 사역 강사.

41) http://www.ywamkorea.org/worship/

42) 죠이 도우슨. 국제 YWAM의 중보기도 사역자

43) 예수 원 토레이 신부, 1918년 중국 산둥성 지난(濟南)에서 미국인 장로교 선교사 루번 아처 토리 주니어의 아들로 태어났으며, 중국과 조선의 평양에서 어린 시절을 보냈다. 미국 데이비슨 대학교와 프린스턴 신학교에서 공부했으며, 제2차 세계대전당시 양심적 병역거부의 실천을 위해 병역대신 선원으로 근무하는 대체복무를 하였다.
당시 미국의 신학생들은 신학교에서 계속 공부하거나, 입대하는 두 가지 길을 선택해야 하였는데, 대천 덕 신부는 미국과 전쟁중이던 독일로부터 상선이 공격받을 위험이 있는데도 청사진을 읽는 선원으로 근무함으로써 병역을 대신한 것이다.
선교에 대한 의견차이로 장로교회와 대립을 보여 성공회로 교파를 옮겼으며 1949년 성공회 사제서품을 받았다. 성공회 성 키프리안 교회(영어: St. Cyprian Episcopal Church) 등에서 목회하였으며, 1957년 성공회대학교의 전신인 성 미가 엘 신학 원의 재 건립을 위해 한국에 입국하여 1964년까지 학장으로 일하였다.
1965년 강원도 태백시에 성공회 수도원인 예수원을 설립하여 빈부의 격차가 없는 평등사회를 실천하고자 했다. 2002년 노환으로 별세하였으며, 현재까지 예수 원에 남아 생활하는 유족으로는 벤 토리(Ben Torrey, 한 국명 대영 복) 신부가 있다. 현재(Jane Grey Torrey)사모는 2012년에 별세했다 / https://ko.wikipedia.org/wiki/%EB%8C%80%EC%B2%9C%EB%8D%95

44) 진다니 엘 목사/ 미국 포스케어 교단 설립 멤버(Foursquare Church)이며 성령의 강력한 역사가 일어나면 예언과 환상을 보며 사람들을 진리의 길로 인도하는 하나님의 사람이다.

45) 기독신문 http://www.kidok.com

46) 예수전도단, 오대원 목사, 작성자 샘물.

47) 80년도 한국 상황 1981년을 계기로 석유파동의 후유증을 극복하면서 중산

층의 비율이 증가하기 시작하고 1986년부터 1989년에 이르기까지 3저 호황
이라고 해서 경제 성장과 수출 증가를 거치면서 전 인구의 절대 다수를 차
지할 정도로 중산층의 비중이 두터워 졌다. 또한 70년대까지만 해도 극소수
의 부자들만이 소유할 수 있었던 자가용 자동차를 보유한 가정이 크게 늘게
되어 '마이카' (My Car)가 유행어가 되었다(마찬가지로 '오너드라이버'라는
말도 유행했다) 1가구 1자동차 시대는 90년대의 일이기는 했지만 그렇다고
해도 80년대 중반을 기점으로 해서 보급률이 크게 늘어났고 주차난도 80년
대 후반부터 본격화 되었던 것도 사실이었다. 1985년의 한국의 GNP는
2310 달러로 낮지는 않은 수준이었다.

https://namu.wiki/w/1980%EB%85%84%EB%8C%80

48) 출처: 아이굿뉴스 http://www.igoodnews.net

49) [출처] 국민일보[원본링크] http://news.kmib.co.kr/article/view.asp?
acrid=0006482071

50) 추길호 형제, Truth Worship 예배자 대표

51) 디트리히 본회 퍼(Dietrich Bonheoffer, 1906 ~ 1945)는 독일 루터 교회
목사이자, 신학자이며, 반 나치운동가이다. 고백교회 설립자 중 한 사람이다.
그는 히틀러 암살계획에 가담하였으나, 1943년 3월에 체포되어, 1945년 4월
교수형에 처해졌다.

52) 조현 논설위원 겸 종교전문기자 cho@hani.co.kr/
http://www.hani.co.kr/arti/PRINT/939980.html(22020.09.25일 검색)

53) 본 회퍼, 싸구려 신앙과 값싼 은혜에 대한 비판
https://blog.naver.com/sonwj823/221347113727?viewType=pc

레일 앤더슨, 목적이 이끄는 리더십, 전의우 옮김, 서울: 브니엘, 2005,

오대원, 묵상하는 그리스도인, 서울: 예수전도단, 2005.

오대원. 두려움에서 사랑으로, 서울: 예수전도단, 2002.

하태식, 묵상과 함께 떠나는 여정, 서울: 리빙터치, 2019.

이광임, 그리스도인의 중보기도, 서울: 예수전도단, 2011.

홍성건, 하나님이 찾으시는 사람, 서울: 예수전도단, 2013.

*논문, 주석, 저널, 동영상, 사이트, 인터뷰 주신 분,

[출처] - 국민일보, 본 회퍼, 싸구려 신앙과 값싼 은혜에 대한 비판.

[원본링크] - 국민일보

http://news.kmib.co.kr/article/view.asp? Acrid=0006482071.

[네이버-지식백과/ 위키백과]

호주 크리스천 리뷰 2015년 4월 호 편집.

꿈을 가진 사람
A Men with a Dream

'꿈'(a Dream)은 현실적으로 없는 것을 있는 것처럼 상상하거나 인식하는 것을 말한다. 성경에서 환상을 가진 사람, 요셉을 부각시키고 있는 것은 그가 가진 꿈에서 비롯되었다. 꿈이 과하면 현실에서 이뤄질 수 없는 망상 같은 일이 되지만, 요셉에게 있어서 그의 현실 가운데 분명하게 성취되었다.

그가 꿈을 성취한 것은, 그가 당한 위기 속에사 발휘된 지도력에서 찾을 수 있다. 그의 부친 야곱이 요셉만 위하는 편애(창37:3,4), 그가 꿈꾸었던 내용(창37:5), 형들의 시기 질투(창37:28), 의욕적인 그의 삶(창37:2) 등으로 도움이 아닌, 위기가 몰려 오게 되었다. 그러나 요셉에게 위기는 그를 곤경에 처하여 망하는 결과를 가져오는 것이 아니고, 오히려 강한 지도력을 키우게 했다. 요셉은 위기에 처하여 극한 상황에 내 몰릴 때, 하나님이 섭리하시도록 자신을 비우고 그분에게 철저하게 기댄 것이다.

결국, 하나님께서 요셉을 위해 세밀하게 간섭하시며 그의 꿈을 요셉이 당한 현실 속에 성취시켜 주었다. 요셉은 자신의 삶이 어려워도, 궁지에 몰려도 극한 상황 속에서 혼자 살려고 하지 않고 공유하는 삶을 살았다. 이러한 연고로 요셉은 모든 것이 보장 된 고향 땅에서, 불편한 이국땅(감옥)을 경유하며 전전긍긍하는 것 같았지만, 종국에는 애굽의 총리대신이 된다. 우연 같은가? 아니다. 결코 하나님의 깊고 신비한 섭리하심이었다.

하나님의 뜻을 찾는 비결
The secret to finding God's will.

현대는 Post-Modern 시대이다. 물질주의 이기주의로 인하여 불어닥치는 도덕적 기준의 붕괴, 첨단 IT 과학 만능에 빠진 자신감의 붕괴, 지식 만능에 빠진 개체의 붕괴가 밀려오는 시대일수록 요셉과 같은 신앙과 리더십은 절실하게 요구된다.

미국 선교사로서 한국에 파송된 오대원 선교사. 그 영향력이 월등(越等)해진 것은 하루아침에 이뤄진 것이 아니었다. 선교대상인 한국인의 언어, 피부, 문화, 사상, 이념, 지식 등이 전혀 다르다. 하지만, 마치 자신이 사명을 완수하기 위해 리더십으로 함께 할 대상이기에 사랑하고 가족처럼 동일하게 긍휼의 마음을 가지며 공존하기를 바랐다. 그가 60세를 맞는 지금도 여전히 한국을 위해 사역하면서 계속되기를 바라는 선교적 열정은 '하나님의 뜻'대로 추구했기 때문이었다. 다음 몇 가지 비결이 그것이다.

1. 쉬지 않고 **기도**하며 주님의 뜻을 찾는다.
2. 하나님 앞에서 **묵상**하면서 주님이 개입하시도록 한다.
3. 전문가와 **상담**하며 사역의 효율성을 높인다.
4. **자신의 뜻**을 조심하고, 하나님만 의지한다.
5. **하나님의 뜻**을 세심하게 살피면서 추진한다.
6. 신적(神的)인 **지혜**에 의존하면서 진행한다.
7. 영적(靈的) **판단**을 번복하지 않고 믿음의 결정을 존중한다.
8. 가능하면 **인내**하라. 하나님 뜻을 찾을 때까지이다.

오대원 선교사의 선교 60주년 사역을 기념한 책을 펴내게 되었다. 그의 성공 비결 앞에서 하나님과 한국인, 열방이 함께 축하할 일이다.

오대원 선교사 한국선교 60주년 선교 유산

한 민족을 사랑하는 마음
The loving heart for the Korean people

첫 번째 찍은 날-2021. 07. 05
첫 번째 펴낸 날-2021. 07. 13

글쓴이-하태식
펴낸이-배수영

엮은곳-도서출판 러빙터치 Jesus Loving Touch
펴낸곳-도서출판 러빙터치 Jesus Loving Touch

등록/제25100-2016-000073(2014.2.25)
서울 도봉구 덕릉로 66길 17, 주공 1709동 203호
010-3088-0191
E-mail : pjesson02@naver.com

저자 : Tae Sik Ha D.Miss., D.ICS.
Managing Director
YWAM 318 Ministry Inc.(YWAM318)
Tel: (+61) 02 9652-0680 Mob: (+61) 0416 174 318
서울: 010-3921-3180
www.ywam318.org/ Sydneycollege318@gmail.com
ywam318@hanmail.net